五星红旗迎风飘扬

大国利器

陆 战 之 王
坦克

张连军 著

陕西新华出版
未来出版社
·西安·

图书在版编目（CIP）数据

陆战之王：坦克/张连军著. -- 西安：未来出版社，2017.12（2024.7重印）
（五星红旗迎风飘扬·大国利器）
ISBN 978-7-5417-6287-1

Ⅰ.①陆… Ⅱ.①张… Ⅲ.①坦克－青少年读物 Ⅳ.①E923.1-49

中国版本图书馆CIP数据核字（2017）第274353号

五星红旗迎风飘扬·大国利器

陆战之王：坦克

张连军 著

选题策划	陆 军 王小莉
责任编辑	王小莉
封面设计	屈 昊
美术编辑	许 歌
出版发行	未来出版社（西安市登高路1388号）
排 版	陕西省岐山彩色印刷厂
印 刷	三河市金兆印刷装订有限公司
开 本	710mm×1000mm 1/16
印 张	15.5
字 数	250千字
版 次	2018年2月第1版
印 次	2024年7月第2次印刷
书 号	ISBN 978-7-5417-6287-1
定 价	79.80元

目录

陆战之王：坦克

前　言

　　武器装备是军队与战争的物质基础，当军事技术发生革命性的变化并形成新的主战装备后，必然引起军事革命。纵观中世纪以来的历次军事革命，无一例外。火药发明后，武器装备的发展经历了一个比较漫长的时期，只有当火枪火炮成为军队的主要武器时，战争才很快从冷兵器时代发展到热兵器时代。在军事技术进步引起军事革命的历史过程中，最为明显的通常就是机械技术进步引起的机械化军事革命的变化，即火力与机械的有机结合。

　　蒸汽机发明后，人类社会开始进入了工业（机械）革命时代。机械革命的快速发展为军队提供了坦克、飞机、舰艇等新的陆上、空中和海上作战平台。坦克是工业化时代的典型产物，没有动力机械、没有工业化大生产和先进的机器制造业，就不可能生产出坦克这样的机械化装备。动力机械和旋转炮塔火炮的结合，为坦克这种集火力、机动性、防护力于一身的新型武器，开辟了陆军机械化战争的一个新时代。

　　坦克是机械化时代的产物，坦克的出现引领了之后所产生的机械化战争的军事思想。现代坦克具有强大的直射火力、高度越野机动性和坚固的防护力，是地面作战的主要突击兵器和装甲兵的基本装备。坦克通常在陆战中用于与敌方坦克和其他装甲车辆作战，也可以压制、消灭反坦克武器，摧毁野战工事，歼灭有生力量。

随着坦克的发展，以坦克为主的机械化战争和随之产生的闪击战理论，拉开了以机械化战争为核心的新军事革命的序幕。这种新的军事革命促使各国加速调整相应的攻防战术和战略，并发展以坦克为主的机械化装备，组建庞大的装甲部队。以坦克为核心的机械化战争掀起了一场翻天覆地的陆战军事革命。

在现代战争中，坦克已经成为重要的地面突击装备，几乎所有的地面战争都少不了坦克的参与——这种攻防合一的武器一直都受到各国陆军的青睐。

本书从一场战役开始写起，主角是一尊钢铁巨兽，背景为第一次世界大战中最为惨烈的战役——索姆河战役。这场战役进行得异常艰苦，英法联军与德军展开了殊死拼杀，但彼此都没有占到太多便宜。不过，开上战场的坦克却一战成名。从此以后，战场上多了一种新的武器，一种新的战争模式也就此开启。

德军士兵在索姆河战役中因为恐慌而失利的同时，德军第八集团军参谋长埃里希·冯·鲁登道夫却看到协约国因使用坦克奇袭取得了成功。于是他和德军总参谋长兴登堡元帅一起想到了对付英军坦克的办法——造出更好的坦克。于是，就有了后来坦克之间的"王者对决"。

第一次世界大战时，主要参战国军队共装备坦克9200辆，其中法国最多，为5300辆，英国2800辆，美国1000辆，德国只有100辆。在这次世界大战中，坦克和飞机都已装备部队，标志着军事技术已经发生重大变革。但是，由于当时坦克还没有成为陆军的主战兵器，作战的基本样式仍然是以轻武器为主战兵器的步兵线式作战；还因为坦克技术不完善且数量太少，又是分散使用，三三两两地单打独斗，因而并没有从根本上改变作战的方式。

然而，坦克初露锋芒就彰显出巨大的发展潜力，并受到了各国指挥官的密切注意，并引起他们的思考。索姆河坦克战作为机械化战争的开端而永载战争史册。

"二战"开始之前，世界上大多数所谓的"陆上军事强国"主要发展的仍然是骑兵，对于装甲部队还没有一个真正全面的认识，直到第二次世界大战的爆发和德军的狂飙突进。之后，随着战事的快速推进，坦克的巨大威力使整个世界为之颤抖。

到第二次世界大战时，坦克、飞机、现代舰艇、导弹、核武器等几乎所有武器装备都已登台亮相，其中，坦克和飞机大量投入使用。就坦克而言，美国就有86500辆，英国有25100辆，德国有65100辆，分别约为本国第一次世界大战时的86倍、9倍和650倍。这时，坦克和飞机已经成为参战国军队的主战兵器，从而使战争形态和作战方式发生了根本性变化。

从第一次世界大战中出现坦克，到在两次世界大战之间形成机械化战争理论，到第二次世界大战中以坦克为中心的装甲部队的建立、坦克大量装备、以坦克为核心的机械化战争理论和闪击战战法的产生等，前后经历了仅仅二十年的时间。

第二次世界大战后，世界各国为了加强军事实力，特别是美苏两个超级大国为了谋求军事优势从而称霸世界，他们开始集中财力物力，特别是技术力量，不断采用各种新兴的机械原理和制造工艺，对上述装备进行改造与更新，研制出了更为先进的坦克等武器。

即便到现在，关于坦克作战理论、坦克发展理论的研究还在继续，由坦克引发的这场机械化革命并没有完成和结束。本书将对坦克——这一陆战之王的发展历程作一全面的回顾和讲述，希望得到读者的肯定和喜欢。

第1章 血雨腥风 战王出世

坦克是一种具有强大直射火力、高度越野机动性和强大装甲防护力的履带式装甲战斗车辆。坦克主要由武器系统、火控系统、动力系统、通信系统、装甲车体等组成。坦克不仅可以在复杂地形和恶劣气候条件下执行多种作战任务，而且大多数还可在使用核武器、生物（细菌）武器和化学武器的情况下作战。它是地面作战的主要突击兵器，主要执行与对方坦克或其他装甲车辆作战，也可以压制、消灭反坦克武器，摧毁工事、歼灭敌方有生力量。

坦克一般装备一门中或大口径火炮（有些现代坦克的火炮甚至可以发射反坦克/直升机导弹）以及数挺防空（高射）或同轴（并列）机枪。坦克大多使用旋转炮塔，但亦有少数使用固定式主炮。坦克一般分为主战坦克和特种作战坦克（如侦察坦克、空降坦克、水陆坦克、扫雷坦克，等等）。

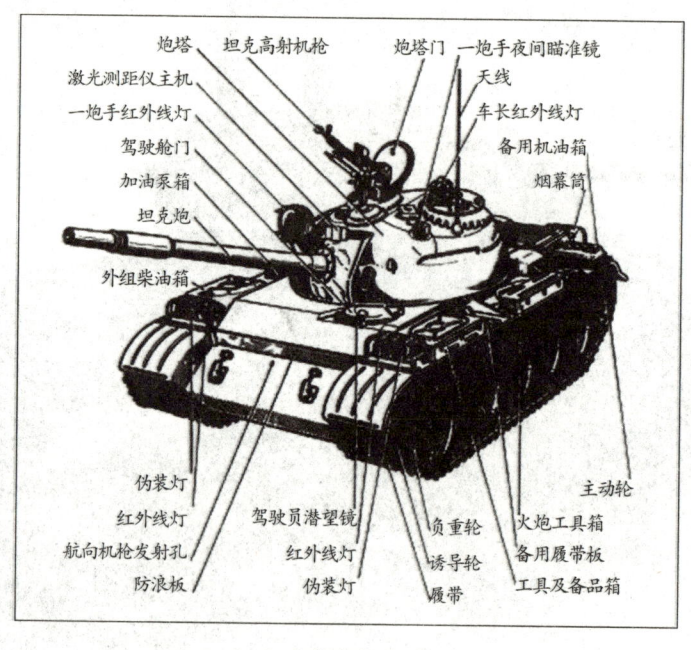

坦克各部分名称

1.1 战王出世：新式武器命名为"水箱"

作为人类工业化发展的结晶，今天坦克在陆战兵器中是无可置疑的

"高富帅"。但坦克从哪里来的？很多人不清楚。有人认为，坦克是在第一次世界大战中登上战争舞台的，这没有太大的争议。

但最早出现的坦克，不仅外形五花八门，形态各异，内部的布置也是"八仙过海，各显神通"。论颜值、论能力，刚出世的坦克是一只不折不扣的"丑小鸭"——这反映出当时坦克总体布置技术的不成熟。

1855年，英国人科恩设计的装甲战车很有创意：车的外形像个大大的头盔，具有全面的装甲防护；以蒸汽机作为动力装置；枪炮管可以从侧面伸出，还有冷兵器——镰刀护身。尽管由于技术原因，这辆战车不能用于实战，但对后来设计战车还是具有启迪和推动作用。于是不久，有旋转炮塔的轻型坦克渐成主流。

1901～1903年，法国人率先推出"沙龙"轮式装甲车：这是由汽车、装甲、枪炮技术相结合的产物，这对坦克的问世和发展起到了巨大的推动作用。到了第一次世界大战初期，轮式装甲车已经大量投入战场，主要担负侦察、警戒、奇袭等任务。

"一战"中，在法国和比利时边界形成一条长700千米的由堑壕、铁丝网和机枪组成的坚固防线。堑壕战使战争陷于僵持状态，使得双方的进攻每前进一米都是奢望。攻守双方都在寻求一种兼具机动、活力和防护的新式武器，当作开路先锋突破敌军防线。

随着机械制造技术的进步，特别是战争的需要，这一愿望很快就得以实现。

最先取得技术突破的是英国的E.D.斯文顿。他意外地想道：如果在拖拉机这样的机械上安装火炮或者机枪，这种武器绝对能够符合新型武器的要求。于是1915年，斯文顿利用汽车、拖拉机，运用枪炮制造和冶金技术，试制出了坦克的样车。这种过顶履带式坦克样车被称为"小游民"。样车出来后，即投入试车以进行试验改进。

当时这种样车的学名叫"陆地巡洋舰"——这说明这种新式陆上主战武器诞生在海军。这是怎么回事？

原来，1915年2月20日，英国海军大臣温斯顿·丘吉尔在英国海军部秘密成立了一个"陆地战舰委员会"。当时设想这种武器应该具备海上战舰那样的火力、装甲和机动能力。E.D.斯文顿提出的在美国"霍尔特"履带式拖拉机上安装武器和装甲板的建议被陆军部否定后，却意外地得到了丘吉尔的支持。他于当年12月完成了实体样车建造，坦克就这样诞生在海军家族里。除了1个炮塔装有1门40毫米火炮，另有7.7毫米机枪数挺。在车体后部转向轴上装有一对转向轮。英国人不想让德国人知道这种新式武器，为保密起见，在所有坦克的包装箱上都写着"TANK"。后来索性便以"水箱（tank）"这一海军术语为这一个新式武器命名，中文就根据这个单词音译为"坦克"。

"小游民"坦克

机甲金刚之"小游民"坦克

这是第一次世界大战中，英军为打破阵地战僵局，开发的新式进攻性武器。在斯文顿中校的倡议下，由英国海军于1915年8月制成了"试制样车"，在12月完成的样车被命名为"小威廉"，按意译的名称为"小游民"，是世界上第一辆坦克。

1.2 大地震颤：钢铁怪物的隆重出场

投入战场上实战的"开山之作"是英国的

"大游民"改进型——"马克"I型坦克。1916年9月15日凌晨，在法国北部的索姆河畔，躺在战壕里休息的德军士兵忽然感到身下的大地开始震颤。他们从战壕里探出头来，然后张着嘴巴，难以相信自己看到的情景：3辆菱形的不明怪物轰隆隆碾过无人区的铁丝网。这是用铆钉拼接铁板的方式制成的钢铁怪兽，两条拖拉机履带从底部一直环绕过头顶，两侧装备有喷着火舌的机枪和火炮。这就是英军的秘密武器——"马克"I型坦克。

德军士兵急忙端枪射击，发现子弹打在这些钢铁怪物身上，只是像在给它搔痒。德军曾引以为自豪的"马克沁"重机枪对其毫无办法，多道铁丝网和壕沟组成的防御阵地也对它形同虚设。

"马克"I型坦克

德国战地记者在一篇报道中写道：当德军哨兵窥探英军动向时，突然感到自己的血液似乎要凝固了——只见两个神秘的怪物正在越过一个又一个弹坑轰隆隆开来，仿佛身边就要发生地震一样，无法动弹。不知什么人大喊："魔鬼来了！"被吓破了胆的德军士兵顾不得太多，他们几乎没有等这些巨大的家伙开到面前，就撇下阵地跑了。

这些德军士兵当时并不知道，他们正在见证着一段新的历史。在坦克开上战场的那一刻，一

机甲金刚之"马克"I型坦克

这是世界上第一辆投入实战的坦克。外廓呈菱形，刚性悬挂，车体两侧履带架上有突出的炮座，两条履带从顶上绕过车体，车后伸出一对转向轮。该坦克乘员8人，有"雄性"和"雌性"两种。"雄性"装有2门57毫米火炮和4挺机枪，"雌性"仅装5挺机枪。

第1章 血雨腥风 战王出世

个崭新的坦克战的时代就此拉开了序幕。

1.3 步履蹒跚：没有完成任务的"冒失鬼"

英国的"马克"Ⅰ型坦克以超乎想象的火力、防护力及越野能力占尽优势；高高的过顶履带，又使"马克"Ⅰ型坦克成为爬越垂直墙和堑壕及碾压铁丝网的"高手"——似乎它的出场，相当成功。

然而客观地说，这次进攻并不顺利。英国人第一批生产出来的坦克原本一共有60辆，只有49辆成功运上火车。这其中，17辆由于赶赴前线的路上或陷入泥坑，或机械故障，就提前出局了；其余32辆又有14辆因为各种原因退出战斗序列。仗还没开打，大多数就折在路上了。最后杀向战场的只有18辆，正是这18辆坦克，开启了一个崭新的陆地战争时代。

"马克"Ⅰ型坦克总的缺点是高大笨重，布局不紧凑，操控性差，故障率高，车内的工作环境极为恶劣，反映出早期坦克的原始性。当时坦克没有安装减震器，行进的路上，满是泥泞的弹坑和折断的树木。笨重而庞大的身躯在崎岖的路面上左右摇晃，所以，最痛苦的是驾驶这些钢铁机械的坦克兵。而且，乘员的工作环境很差，车内没有通风设备，外面的新鲜空气只能靠门窗和缝隙透进车内。行进时发动机使得车内温度迅速升高到32℃以上，浓烟挤压着本来就很少的新鲜空气，闷热无比，空气污浊得令人窒息。尖锐刺耳的噪音使得正常的语言沟通变得很困难，乘员只能靠手势和拍打肩膀和头盔完成指挥和交流。

在这片被称作"魔鬼深林"的地带，只有绰号"冒失鬼"的坦克在车长哈罗德·莫迪摩尔的指挥下继续行进。当德军的阵地闪烁起机枪的火花时，坦克立即调整火炮对敌开火。这就是历史上第一辆开火的坦克。然而，在坦克即将跨越堑壕之时，履带却被炸断了。应该说，战争史上首秀的坦克均未完成使命。幸好，跟随的步兵占领了目标阵地，为随后发起的进攻扫清了障碍。

这是一次唐突而又令人记忆深刻的见面仪式。人们既看到了坦克恐怖的一面，也了解到它的脆弱。

机甲金刚之"A7V"战斗坦克

德国人决定研制坦克，直接原因是受索姆河会战的影响。为了对付英军坦克的威胁，德国人最终决定选用大型车体的方案，1917年开始制造代号为"A7V"的坦克。"A7V"战斗坦克，作为德国的第一种坦克而载入史册。

1.4 钢铸铁浇：已初具王者之相

坦克之所以能横冲直撞、所向披靡，底气来自厚重的"铠甲"。索姆河战役中的第一辆实战型坦克——英国的"马克"Ⅰ，只有6毫米的均质钢板，但在当时这也足以抵挡普鲁士步兵的毛瑟枪猛烈射击和"马克沁"机枪的交叉火力了。

另一个领先应用坦克的国家就是法国，法国设计的"CA-1"装甲战车，已经可以满足支援步兵实施冲击的战术需求。

保守的普鲁士人一直没能意识到装甲机动能力的重要性，直到1917年才生产出第一种坦克——"A7V"坦克。但也就是这种战车，充分体现了德国人在机械制造方面的天赋。

这种战车在火力、机动和防护等性能上均超过了英国当时最先进的"马克"Ⅳ——其装甲最厚处达30毫米，已初具王者之相。

"施奈德"突击坦克

机甲金刚之"施奈德"突击坦克
"施奈德"坦克装一门75毫米野战炮，2挺8毫米机枪，战斗全重14吨，6名乘员，速度5千米/时。这是法国自行研制的第一种用于作战的坦克，1917年4月16日，首次出现在马恩河战役中。但是坦克薄弱的装甲和内部油箱设计，严重威胁到乘员的安全。后来，法国军队决定放弃这种坦克。

随着战斗升级的需求和反坦克武器的不断发展，坦克开始使用多层复合装甲。由于复合装甲的铸造生产工艺困难太大，不得不采用焊接式炮塔和车体。

之后发展到20世纪七八十年代，出现了反应装甲，使得坦克的装甲防护力达到了新的高度。

时值坦克诞生百年，坦克已经走过了从铆钉焊接装甲到今天复杂的复合夹层装甲甚至贫铀装甲的漫长道路。

1.5 洪荒力量：强大的王者之心

陆战之王的心脏——战车马达，对坦克具有举足轻重的作用。它通常具备马力大，结构强度高，水冷散热等几个突出特点。这也体现了坦克与其他武器装备不一样的战勤保障。坦克推进系统由动力、传动、行动和操纵等装置组成。动力装置由发动机及冷却、润滑、燃料供给、进气、排气、起动、加温等辅助系统构成，是坦克的动力源。传动装置则将发动机产生的机械能传给主动轮（或水上推进器），并改变坦克的速度、牵引力和行驶方向，由主离合器或液力变矩器，以及前传动、变速、转向、停车制动和侧传动等装置组成。行动装置用以支承车辆，保障坦克平稳行驶和克服障碍。比如"小游民"发动机为戴姆勒公司的直列6缸水冷汽油机，功率77.175千瓦，最大时速3.2千米，越壕宽1.2米，能通过0.3米高的障碍物。

到了近代，为了降低发动机的高度，有的坦克上采用对置活塞式发动机，也算一绝。但由于其较短的作战半径和较小的推重比，不适合坦克高强度的战术需求。柴油机、燃气轮机可以使得坦克拥有更高的单位体积功率，德、意等国普遍采用。

目前，世界上主要的主战坦克中存在两种动力装置。一种是以俄军"T-72"坦克为代表的柴油机。其发动机和当今的民用柴油机最大的区别在于它的电气化程度上，这也为坦克动力未来向柴电一体的混合动力发展提供了思路。另一种是以美军"M1A2"系列坦克为代表的燃气轮机。燃气轮机的耗油量过高，为了保证有足够的行程储备，不得不增大车载燃油量。

1.6 无敌铁拳：多元攻击的火力系统

坦克武器系统是构成坦克火力的武器及火控系统的综合体，用以迅速、准确地发现、瞄准和摧毁目标。坦克炮是由小口径地面炮演变而来的，是现代坦克的主要武器。

而"小游民"坦克全重仅18.289吨，装甲厚度为6毫米；配有1挺7.7毫米"马克沁"机枪和几挺7.7毫米"刘易斯"机枪；之后的改进型"大游民"，即首战成名的"马克"Ⅰ型坦克，主要技术参数并未改变。到"马克"Ⅳ坦克时，就有了两种变种（即雄雌之分），车体外形相同，车身呈菱形，两侧有过顶式履带架。炮塔不安装武器，而是在履带架外侧各安

第1章 血雨腥风 战王出世

装一个突出的炮座。雄坦克装备"两炮四枪"：两门57毫米"霍奇基斯"QF6磅炮和4挺"刘易斯"机枪；雌坦克配备"六枪"：4挺"刘易斯"机枪和两边各一挺"马克沁"重机枪。而另一代表"A7V"坦克，除了布置在车体前部的火炮外，还布置了6挺机枪。

为了增强火力，英国人于1925年研制出了"独立"号重型多炮塔式坦克。它有5个独立旋转的炮塔，火力强大，获得了"陆上战舰"的美称。但"独立"号仅制成一辆样车，未能批量生产。

"马克沁"重机枪　　　　　　　　　　　"刘易斯"机枪

一般来说，坦克除了主炮，会有一挺与主炮同轴的并列机枪，炮塔外有一挺高射机枪/重机枪。在炮塔两侧的前部会有6～12个的烟幕弹/榴弹发射器，其中如果使用榴弹，是有一定杀伤作用的。还有少数坦克配备有迫击炮，比如以色列的"梅卡瓦"坦克，就是根据在加沙地区进行城市作战的实际需要，有此装备。

为了弥补主炮口径较小，威力不足的缺陷，有时也会在炮塔上增设反坦克导弹的发射装置。

以上总结的均为现代主流坦克。在"二战"中，坦克也曾配备过喷火器和火箭发射架。

现代坦克炮是一种高初速长身管的加农炮。它的主要诸元有口径、穿甲弹的初速、全装药杀伤爆破榴弹和减装药杀伤爆破榴弹的初速、破甲弹的初速、发射速度、高低射界、方向射界、炮弹重量和弹药基数等。坦克炮的威力是很大的，它能远距离穿甲。苏联"T－72"坦克125毫米火炮发射初速为1650米/秒的长杆式动能弹时，在2000米距离上可击穿140毫米/60°的靶板。联邦德国的"豹"II坦克120毫米火炮发射初速度为1650米/秒的长杆式动能弹时，在2200米距离上可击穿厚度为350毫米的垂直装甲。

1.7 两只"铁鞋"：巴特尔的链式履带

说到坦克的"鞋子"——履带的发明，应该说很有故事。1770年，英国人埃奇沃思把若干木质板条连接成一根环状的链，按一定的方式连续地移动，使得始终有一个板条或几个板条跟地面接触。这样做的目的是要把马车重量通过狭窄的车轮分散到更宽的地面上，使马车能在崎岖的或松软的地面上行驶。

后来，美国发明家巴特尔的一项非常实用的履带发明专利，于1906年投入批量生产，这就直接导致了"霍尔特"履带式拖拉机的出现。

英国人最初研制"小游民"坦克，就是沿用了美国农用"霍尔特"履带

"霍尔特"履带式拖拉机

式拖拉机的履带。履带由履带板和履带销等组成，履带销将各履带板连接起来构成履带链环。

履带板的两端有孔，与主动轮啮合，中部有诱导齿，用来规正履带，并防止坦克转向或侧倾行驶时履带脱落。在与地面接触的一面有加强防滑筋（俗称花纹），以提高履带板的坚固性和履带与地面的附着力。坦克在推进过程中，一方面从诱导轮卷下去的履带被铺在地上，并压在前进滚动的负重轮下面；另一方面则把最后一个负重轮滚过的履带由主动轮卷上来——如此周而复始，形成了一条坦克自行铺设的轨道，而且是一条坦克跑到哪里就铺到哪里的"无限轨道"。

履带进入坦克发展史至今已逾百年，今天的履带无论其结构形式还是材料、加工等方面都有了长足的发展，在不断地丰富着"王者鞋柜"。

"雷诺FT-17"坦克

机甲金刚之"雷诺FT-17"坦克
　　法国研制的这种坦克是世界上第一种装有可360°旋转炮塔的坦克，而且动力舱后置、车体前设驾驶席。如今，我们所看到的绝大部分现代坦克都沿用了这一设计。

第2章 新的战法 王者开元

新锐的军事思想和武器是开启新战争纪元的原动力。人类在漫长的进化过程中，逐渐掌握了进攻的方法，与之相伴的就是防御和如何更有效地防御。在千百年的陆地战争中，人类期待有一种攻守兼备、可以跨越各种堑壕地形的"移动堡垒"。人们利用车辇作战，驾驭着它冲破敌阵。进入机械时代，机械的力量被注入战争机器之中。于是，一个崭新的庞然大物出现在了烽火狼烟的战场上，最坚硬而又能快速移动的武器——坦克，开创了陆地战争的新纪元。

第一次世界大战后，军事家们总结了坦克的优点和不足。但是究竟把坦克制造成什么样子，向什么方向发展，各国军事家都有自己的想法。英国人受陆军分成步、骑兵的传统观念影响，将坦克家族成员分为"步兵坦克"和"巡洋坦克"；法国人十分强调坦克直接协同步兵作战；德国人则注重坦克机动性同火力相结合。于是，各国根据自己的作战理论，发展了不同形式的坦克。同时，也就产生了扬长避短的坦克作战理论。

武士驾驭蒙了牛皮的战车

初见雏形的坦克

2.1 如何突破：摸索中的坦克战理论

"一战"爆发后，几乎所有的军事指挥官都认定骑兵集团冲锋会赢得胜利。1916年7月1日，经过长时间的炮火准备，英法联军在宽34千米的战线上，开始向德军正面发起集团冲锋。本以为势在必得的胜利，被致命武器——"马克沁"重机枪击碎了。德军在这条战线上集中了400多挺"马克沁"重机枪，纵深配置、两翼突击、斜向射击，再加上与铁丝网、堑壕、炮兵阵地的有机结合，当天就歼敌约6万名。

就在英法联军一筹莫展之际，一种神秘而恐怖的"钢铁怪物"出现在了索姆河战场。1916年9月16日，英军就在"怪物"引导和掩护下，突破德军防线纵深推进约4千米，使得索姆河成为德军的"滑铁卢"。随后进行的康布雷、亚眠等战役中，投入战斗的坦克更多。这些坦克发挥了强大的突击作用，打破了阵地战的僵局，促使进攻速度明显提高。

这个怪物就是坦克。随着坦克越来越多地进入战场，坦克战理论也逐渐产生并日渐丰富起来。

2.2 坦克驭手：第一支坦克部队的组建

1916年2月16日，在E.D.斯文顿的努力下，英国陆军部"坦克特遣队"在原摩托车机枪营驻地比兹利附近的"西伯利亚"农场诞生。总共编制150辆坦克，其中半数是安装火炮和机枪的"雄性"坦克，另一半为只装机枪的"雌性"坦克。每一连编制有28名军官和255名士兵。

E.D.斯文顿

首次出现的空地一体战术

为了保密，坦克特遣队对外称为"摩托化机枪大队装甲车车辆组"，后又改称"机械炮兵重兵器组（HSMGC）"。也正是坦克和坦克兵的出现，使得一种新型的作战理论——坦克战理论出现了。

2.3 战术手册：来自E.D.斯文顿和富勒的报告

1916年6月，E.D.斯文顿向陆军部写了一份关于运用坦克的报告，成为历史上最早起草的坦克运用理论。其要点如下：

记住你奉行的命令、射击要快、射击时宁可偏低不要偏高、射击要巧、节省弹药、注意友邻坦克的进展、注意与你协同作战的步兵、记住我军战线的位置、首先用火炮摧毁敌机枪和其他小型火炮、仔细观察目标的位置、严禁将枪炮对准友邻坦克和步兵、忍受闷热和噪音干扰、准备好防毒面具。

约翰·富勒

1916年10月，他的继任者约翰·富勒少校着手正式编写了《坦克战术手册》，指出：坦克是专门用来协助步兵通过各种工事和破坏障碍物的，这种车辆首先用以歼灭敌人的机枪发射点；单靠坦克不能赢得战斗的胜利，它只能是步兵的辅助工具，支援步兵摧毁妨碍其前进的各种障碍物；坦克应突然而大量集中地使用，在使用坦克之前应严格保守秘密；对坦克投入战斗的地段，应仔细地加以选择，考虑是否能通过沟渠、江河、森林等；所有坦克应同时发起冲击，当坦克前进了四分之三的距离，且敌人步机枪开始向坦克射击时，步兵即从出发地区发起冲击；步兵的任务是坦克通过敌散兵壕后随即占领敌工事；坦克常会被敌炮火击毁，因此，在有坦克参加的进攻中，己方炮兵的基本任务不是消灭敌机枪，不是破坏其防御工事和铁丝网，而是应以猛烈的火力消灭敌炮兵；为了在坦克冲击时使敌人更加混乱，使其难以查明坦克的真实情况，最好施放烟幕……

在康布雷战役中担任英军坦克第三军参谋长的富勒，把坦克的主要战斗使用归结为三点：压制敌人火力，摧毁敌纵深目标并切断前后联系，攻占具有战略意义的要地。

富勒描绘了未来机械化战争的作战思想，设想在5个集团军160千米宽的正面战场上集中11500辆坦克——以重型坦克实施突破，以中型坦克组成快速部队在纵深发起进攻，飞机则在实施可靠的空中保障的同时，协同打击敌人地面目标。

然而，富勒的理论观点当时在英国无人问津。

2.4 德国制造：王者之间的对决

1916年11月，德国开始着手坦克的研发，军事部门的第七统战部交通分部受领了这项任务。在德文中其缩写是"A7V"，因此项目命名为

第2章 新的战法 王者并元

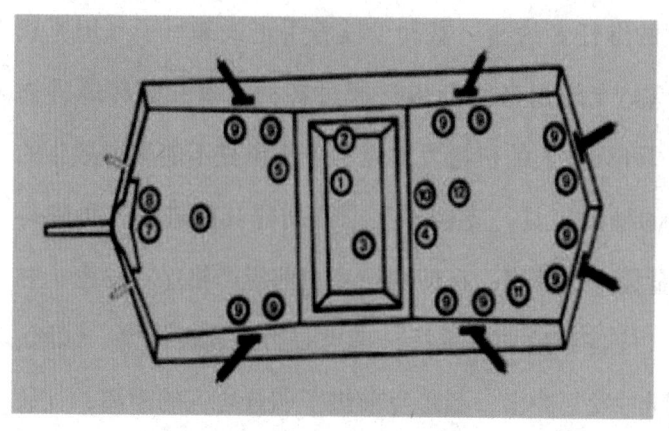
德国"A7V"坦克内视平面图

"A7V"坦克。由于战争急需，采用了现成的"霍尔特"拖拉机的底盘，因而设计工作进展相当快，1917年夏天便制成了样车。尽管样车还存在许多问题，仍然于当年10月正式生产并列装了22辆。"A7V"坦克战斗全重为30吨，它是世界上乘员人数最多的坦克，理论乘员人数18人。

"A7V"坦克的武器系统，可以用"一炮六枪"来加以概括。坦克上的主要武器是1门57毫米低速火炮，能够击穿当时英法两国所有的坦克装甲。辅助武器为6挺"马克沁"7.92毫米重机枪，车体两侧各2挺，车体后部2挺，弹药基数为18000发，由12名乘员来操纵这6挺机枪。这在当时是至关重要的武器。

"A7V"坦克的整个车体为铆接结构，采用普通钢板。防护性能要优于"马克"Ⅰ型坦克。1917年10月，德军组建"A7V"坦克分队，每个分队有5辆坦克。到1918年春，已经有9支坦克分队，其中有3支分队装备"A7V"坦克，另6支由缴获的"马克"Ⅳ坦克装备。

1918年4月，由于美国宣布参战，兴登堡元帅和鲁登道夫将军决定进行"米夏埃尔行动"。4月24日，在亚眠地区圣康坦战斗中，德国尝试着投入13辆"A7V"坦克，进攻英军在维莱布勒托纳南部的阵地。当德军的"A7V"坦克冲锋时，英军并没有组织常规火力阻击德军坦克，而是直接派坦克去对抗。

由于指挥和观察不灵，双方战斗几乎是在混乱的状态下进行的。在此次战斗中，德军"A7V"坦克的火力显示了力量，英军"赛犬"坦克的机枪没有对"A7V"坦克构成威胁。

虽然投入的坦克在技术上还不完善且数量太少，没有达成协同作战，取得预期的作战效果，但是，坦克初露头角就显示出它的巨大发展潜力。

这次坦克交战是世界战争史上第一次坦克与坦克交战，标志着陆军机械化战争新时代的开始。

2.5 新的战法："速战速决"和"机械化制胜"

"兵圣"孙子认为"兵贵神速"，是以"兵之情主速，乘人之不及"。"一战"结束后，各国的坦克技术和运用理论进入了探索和试验时期，出现了机械化战争理论。1923年10月18日，装甲兵作为陆军的新兵种，在英国正式诞生。1931年，英军组建具有世界影响的第一个坦克旅。同研制坦克一样，关于坦克的战法研究也是在英国最先蓬勃兴起。其中富勒和利德尔·哈特的理论即为其中的代表。

富勒，英国军事理论家和军事史学家。富勒参与和指挥了1917年到1918年多次重大战役，为他探索机械化战争理论提供了历史机遇。特别是在康布雷战役的组织计划中，突出显示了他善于突破陈规、勇于创新的战术才华。拿破仑关于快速机动、袭敌后方的思想对其影响很大。1918年3月，在德军统帅鲁登道夫发动的"战术渗透"中，8天突入纵深64千米，这对富勒同样有很深刻的影响。

1918年5月，富勒拟订了《作为决定进攻目标的战略性瘫痪》备忘录，建议以重型坦克实施正面攻击；等时机成熟，以中型坦克从两翼以最大速度直取主要战术目标；空军集中摧毁补给、交通中心，车载步兵、炮兵实施突破和追击，进而取得胜利。但随着德军失利，"一战"结束，这

《装甲战》是富勒在亲身经历第一次世界大战后所写。他对这次大战中守旧的军事思想及传统展开了猛烈的抨击，创造性地提出了以装甲部队纵深突破造成敌人战略瘫痪为核心的一整套的机械工业时代准备和进行战争的理论，这些理论深刻地影响和作用于第二次世界大战。此书1932年首次出版，1943年再版时，作者根据"二战"的作战经验，作了修订。这是一部完整叙述机械化部队作战的书，对军队指挥和一些军事原则以及装甲兵在各种战斗中的运用都有精辟的论述。

利德尔·哈特

机甲金刚之"十字军"巡洋坦克

这是第二次世界大战前期英军的著名轻型坦克，共生产了5300余辆。巡洋坦克也参加了英军在北非战场的一系列军事行动。但是它的装甲还是太薄，1943年以后被淘汰。

"十字军"巡洋坦克

些并没有实施。

随后，他著有《西洋世界军事史》《装甲战》等军事著作。富勒认为，装甲兵只有坦克是不够的，还要有归装甲兵指挥的"坦克陆战队"和"皇家坦克炮兵"。

利德尔·哈特，英国军事理论家、战略家。他主张以1918年德军渗透战术为基础，进行"洪水式"进攻。在军事理论上倡议"机械化制胜论"，强调装甲坦克和机械化部队将起决定性作用。提出实现陆军机械化应分三步：第一步是实现师级运输车辆机械化；第二步是实现炮兵的牵引化和履带化；第三步是实现步兵营装甲化和履带化。

2.6 快如闪电：穿插分割的钢铁风暴

令人不解的是，国内遇冷的富勒理论在德国却受到追捧。虽然德国在"一战"中失败了，但是一名德军军官认识到快速突击、穿插分割的风暴突击战术是对的，同时，他认为突击中需要坦克加入，这就是新型战法——闪击战。这名军官名叫海因茨·威廉·古德里安。

单从军事角度来看，古德里安有过人的军事素养，出色的军事指挥艺术。他创造了被后世所津津乐道的"闪击战"，对世界战争史产生了非常重大的影响。

古德里安对第一次世界大战战术方面的经验教训进行了系统研究，尤其是对英国人利德尔·哈特和富勒的军事理论做了深入研究，从而萌生了以机械化部队为主体，各兵种密切协同的战术思想。通过理论研究和总结模拟演习的实践，古德里安形成了自己的观点："只有与坦克伴随的兵种的速度和越野能力达到坦克的水平时，坦克才能发挥其威力。坦克应在由诸

古德里安

兵种组成的部队中起主导作用，其他兵种只能配合坦克。坦克不能在步兵师中使用，相反，装甲师要有能让坦克发挥威力的兵种。"

这种集中使用大量坦克、飞机和机械化部队，先发制人，进行突然性、机动性、快速性和大纵深突击的"闪击战"理论，更像是富勒机械化战争理论的翻版，这为20世纪80年代美军的"空地一体战"理论奠定了坚实的基础。

这种战术思想加上希特勒一贯信奉的机动、攻击、迅速的"闪击战"

理论，最终构成了真正意义上的"闪击战"。1935年，德国建立了世界上第一个装甲兵司令部，组建3个装甲师。德国那时已在为发动一场有大量坦克参加的侵略战争做准备。

"二战"打响后，在整个欧洲战场上德国坦克所到之处，几乎是攻无不克：27天打败波兰（指政府逃亡），两个小时拿下丹麦，23天征服挪威，5天占领荷兰，18天解决比利时，39天击败法国，简直就是横扫千军如卷席。

"闪击战"理论的形成和"闪击战"的出现，证明坦克战已经发展到了一个相对稳定的阶段，坦克战的战术储备已经完成，需要的只是通过战争去不断深化和完善，第二次世界大战无疑加速了这个进程。

正是在战争中有这样出色的表现，坦克从最初支援步兵进攻的配角，毫无争议地成为主宰战场的主角，赢得了"陆战之王"的赞誉。随后，世界各国竞相开始组建或者改善装甲部队。

2.7 锋芒初试：西班牙内战中的钢铁猛兽

1936年，西班牙内战爆发。这是"二战"前夕发生的一次范围较大的战争，特别有意思的是，后来"二战"的参与国大都参与了西班牙内战。这场多方势力参与和角逐的代理战争，使西班牙内战被认为是第二次世界大战的前奏。

"一战"结束后，德军被禁止拥有坦克，然而魏玛时代的德国国防军却不顾《凡尔赛条约》的有关规定，暗地里同苏联合作，着手研制自己的坦克。20世纪20年代末，德国专家到苏联喀山的试验基地秘密测试了英国"劳埃德4"型坦克，并购买两辆回国，这就是后来德国"PZ1"型坦克的原型。到了1932年，德国垄断资本控制的工厂以民品的名义制造轻型和重型坦克样车，对外说是大、小拖拉机。

德国坦克规模化生产是希特勒上台后得以快速发展的。早在1931年古德里安出任国防军摩托运输部队总监时，就开始大力发展坦克。他设想的德军装甲部队，将拥有两种坦克，一种是装备反坦克炮的中型坦克，用以实现突破；一种是装备大口径压制火炮的重型坦克，用以提供炮火支援，这其实就是后来的"PZ3"型和"PZ4"型坦克。但是当时的德国军火工业没有设计、制造先进坦克的经验，正处于摸着石头过河的阶段，还不能指望外援，只能白手起家。德军急切需要坦克装备训练部队，因此只好因陋就简、降格以求了。

1932年，德军军械署参照英国"劳埃德4"

"PZ1"型坦克

型坦克提出一种轻型坦克的设计要求，最后奔驰的车体和克虏伯的底盘分别中标，组合起来就成了"装甲战车1型"坦克（I），简称"PZ1"型。1933年12月，克虏伯公司制造出代号为"克虏伯I型拖拉机"的坦克样车，成为"一战"后德军的第一种制式坦克。

"PZ1"型坦克重5.5吨，乘员2人，装甲厚度6～13毫米，这个厚度勉强可以抵挡轻武器的射

机甲金刚之"PZ1"型坦克

该型坦克作为装甲师的轻型训练坦克，并没有打算运用于实战。但实际上它一直被用于一些小规模战斗，直到1942年。在1942年初，"PZ1"型坦克退出德军的一线部队，转入警察部队和反游击部队。没有炮塔的"PZ1"型坦克被用于NSKK部队的训练，"PZ1"型坦克的炮塔则用于了大西洋防线等的防御工事。

第2章 新的战法 王者开元

击。武器方面，"PZ1"型坦克装备有两挺"MG13"机枪。引擎是一台克虏伯MG305汽油发动机，功率60马力。"PZ1"型坦克高仅1.72米，还不及一人高，跟同时期的欧洲其他国家的现役坦克相比，简直像个玩具。然而德国国防军却毫不嫌弃，大量订购，最初的德军装甲部队就是在这些微型坦克里磨炼技术的。"PZ1"型坦克从1934年开始批量生产，到1939年停产，一共生产了1500辆。"PZ1"坦克为德国设计人员提供了大量的经验，为以后设计更具威力的各型坦克提供了技术数据。尽管它不是一个有效的战斗坦克，但它是一种优秀的训练坦克。那时大量的装甲兵都是通过它训练的，还有不少装甲兵都是驾驶它第一次参加战斗的。

"PZ2"型坦克

1935年，MAN公司又制造出一种轻型坦克样车，即为"PZ2"型坦克，并把它送往西班牙在实战中全面实验，同时入列德国军队。

以佛朗哥为代表的西班牙叛军受到了德国和意大利的支持：德国派出陆军包括第八十八坦克营、空军的"秃鹰军团"辅助佛朗哥作战。第八十八坦克营装备200辆"PZ1"型、"PZ2"型坦

机甲金刚之"PZ2"型坦克

该型坦克乘员增加到3人，重量增加到9吨，正面装甲厚度15毫米，后来增加到35毫米，武器是一门20毫米机关炮和一挺机枪，并排装在炮塔上。20毫米机关炮射速每分钟280发，使用穿甲弹时500米的距离上能够击穿10毫米的装甲，勉强具备了攻击轻型坦克的能力。

克，指挥官是冯·托马少校。第八十八坦克营的任务主要是训练佛朗哥军队，并没有参战的任务，但不甘寂寞的冯·托马还是争取到不少实战机会。

德国坦克部队在西班牙收获颇丰，发展出反坦克炮和坦克协同歼敌的"剑与盾战术"，并首次使用88毫米高射炮攻击坦克。

当时，苏联提供给西班牙共和军数百辆"T-26"坦克。这样，西班牙内战成为苏联和德国坦克同场竞技的舞台。"T-26"的先进性能让德国人惊讶，大批的"T-26"坦克被缴获后，冯·托马组建了4个坦克连。这位出色的指挥官后来成了埃尔温·隆美尔的手下悍将，后又担任"非洲军团"司令，协助隆美尔的继任者施图姆将军指挥北非德意联军。

西班牙内战结果是：佛朗哥在德、意法西斯庇护下建立法西斯专政，并加入《反共产国际协定》；德、意两个法西斯国家在战争中相互勾结，并在战后正式结成同盟，为"二战"的发生埋下了祸根，使欧洲政治关系和战略格局发生了重大变化。

威廉·冯·托马，1891年生于德国，参加过第一次世界大战。1934年担任德军第一个坦克营的营长。1936年被派往西班牙帮助弗朗西斯科·佛朗哥，负责所有地面部队训练。1939年8月回国，任第二装甲师师长。波兰战争中，托马出其不意地打击波军，名声显赫。因此，1940年10月被任命为摩托化部队总监。1941年夏，托马在古德里安麾下任第十七装甲师师长，参加"巴巴罗萨"行动。在斯摩棱斯克会战与基辅战役中发挥过重要作用，并参加了莫斯科会战，但最终失败。

1942年9月，托马担任"非洲军团"司令，协助施图姆将军指挥北非德意联军。10月，在阿拉曼战役中，德军遭受重创。11月4日，英军突破了德军防线，托马被俘。1948年4月30日，他死于狱中。

"T-26"坦克

机甲金刚之"T-26"坦克

这是最早大量装备苏联军队的坦克。于1931年正式定型，和德国的"PZ1"型坦克都是以英国"维克斯"坦克为基础设计的，火力大大高于"PZ1"，而且超过了"PZ2"。早期采用了并列双炮塔设计，主炮为37毫米口径，装甲防护15毫米，但没有足够抵抗步兵的火力。

2.8 钳形攻势：堡垒行动中的钢铁洪流

德军装甲部队集中优势力量以点击面，能快速突破敌军战线。之后不做任何停留，而是依靠其高速机动继续突进敌方腹地，目的是在敌军建立起新防线前突破它。同时，在空军的支援下进行钳形攻势：将己方军队分成两路，于两个方向向敌方进攻，迫使敌方拉长战线，两面作战，避免"利剑攻势"所可能带来的阻力和损伤，大大减少了敌方单次攻击所造成的伤害。但其劣势更加明显：钳形攻势一般需要大量军队参与，分散的兵力又增加了被围歼的危险。比如"二战"时，在德国统帅曼施坦因指挥的库尔斯克会战中，德军30个精锐师包括7个坦克师被击溃，其余的均遭受重创。损失兵力50多万人，损失坦克约1500辆，损失火炮和迫击炮约3000门，损失飞机约3700

被击毁的德军车辆

攻击中前进的苏联红军

架。会战的失利使纳粹德国永久性地丧失了战场主动权，此后，德军再也没有在东线战场发起过有威胁的攻势。

2.9 蜂拥而上："二战"时期坦克集群战法

坦克集群战法雏形出现在1918年8月的亚眠战役中。但是由于经验不足，加之坦克的性能和机动性不好，坦克作战效能在纵深狭窄地段无法发挥，最后失败。但是，德国人很快进行了总结，在之后的战争中把坦克的威力发挥到了极致。

英国军事学家麦卡锡在他的书中写道："德军进攻速度之快，超过了老式电话和电台反应的速度。"

"二战"中德军的"闪击战"纵横欧洲大陆，但凡敢挑战者，无不授首。但就是这样看似无敌的"闪击战"，却很快就在莫斯科郊外的冰天雪地里被苏联人化为无形。

在辽阔的苏联领土上，古德里安碰到了最头痛的对手，即同样对机械化部队推崇备至的苏联元帅朱可夫。但是朱可夫与古德里安不同，更看重坦克的集团化优势，以及在战略决战中起到的作用。古德里安和他的坦克部队面对苏联人的阵形，他们无论如何也提不起速度来了。

这场战役中，德军只是将火力和机动提升到了极致，而朱可夫的机械化部队，则将坦克火力、机动和防护的特点有效结合并充分发挥出来，从而赢得了最终的胜利。

2.10 烧钱行动：归根结底的国力消耗战

坦克是攻防兼备的陆战重武器。车载火炮、导弹为其主要进攻手段，装甲、机枪为其基本防护装备。坦克的根本战斗力，体现在按照指挥员的战术要求，以车载火炮、导弹等重武器，用最快的速度、最高的效率、最彻底的方式，消灭前方视距内和超视距一定范围内步兵克服不了或不易克服的坚固目标。坦克装备的高射机枪可以有效打击或干扰敌对的空中飞行器，减轻来自空中的威胁，提高坦克生存能力。

在整个"二战"期间，美国总共生产轻型坦克29680辆、中型坦克50632辆、重型坦克2202辆、自行火炮及突击炮20633辆；德国总共生产轻型坦克5968辆、中型坦克19516辆、重型坦克1830辆、自行火炮及突击炮21044辆；苏联总共生产轻型坦克17438辆、中型坦克57352辆、重型坦克8467辆、自行火炮及突击炮18975辆……由此可见，坦克已经成为当时陆军最重要的武器。

"二战"后期，面对东线战场的节节失利，西线战场防御的土崩瓦解，德国古德里安的坦克进攻战思想与隆美尔的大炮防御策略出现矛盾和冲突。以隆美尔为首的军官团根据在北非战场的实战经验提出了以大炮代替坦克的战略思路，以便于迅速地投入各条战线，力挽狂澜。他们认为：

1. 坦克及其他装甲移动武器制作工艺太过复杂，耗时耗力，对十万火急的各条战线难以提供迅速的支持和增援。

2. 随着占领区的不断缩小，军工生产所急需的各种矿产资源难以接济，特别是锰、锌、铬、钨和铁短缺，使很多军工企业处于半停产状态。

3. 石油，战争的血液。对于完全依赖进口的德国而言这是最要命的。随着罗马尼亚、匈牙利及巴尔干产油区的丧失，海外石油供应几乎全部被切断。由于缺乏石油，很多飞机和坦克不能参战。

反而言之，如果集中力量大规模生产火炮，上述问题大部分将不存在。而且，面对盟军和苏联人的钢铁洪流和人海战术，德军可以集中力量在防御中大量杀伤或重创敌人，集群火炮的威慑力将不可小觑。

但以古德里安为首的高层官员表示坚决反对。古德里安认为：

1. 火炮和坦克在战争中是密不可分的，两者是相辅相成的关系，缺一不可。

2. 火炮工艺虽然简单，造价低，但是每生产一门火炮都需要生产一辆牵引车，这样看来，只能是无谓地消耗有限资源和国家的工业生产力。

3. 火炮是固定的静态武器，不具备机动能力，运输往返困难，在现代机械化战场作用发挥有限。

4. 如果火炮代替坦克，标志着德国战略思维的重大转变，即将由剑转化为盾，由进攻性转为全面的防御态势，这对应付目前的军事形势绝不可取。

而坦克及装甲移动装备对比火炮的优势在于：因为它们是最好的进攻性武器，它的技术性能和机动能力是任何武器都不能比拟的，在当今以机械化高机动为背景的现代化战争中，它们将决定一切。尽管形势紧张，资源紧缺，但越是危急越有它们存在的必要性，因为进攻就是最好的武器。

2.11 大国防御：大纵深作战理论和突击理论

苏联元帅图哈切夫斯基是大纵深理论的创始人。在大纵深理论中，突破理论和追击理论是最关键的两个组成部分，同时也着重强调防御时的反突击。

大纵深理论要求在选择方面军和集团军的主要突击方向时，力求把实施主要突击的地点选在敌人防御的薄弱处，或能保障最有效地使用各兵种。在主要突击方向上大量集中使用兵力兵器，是保障突破和发展进攻的一项最重要的原则，将战术突破迅速转化为战役突破。追击是为达到歼敌目的而向退却之敌实施的进攻，力求阻止敌军有组织的退却。

在实施追击时，先遣支队的作用是非常突出的。先遣支队通常由一个加强团或加强营组成，而坦克军和机械化军的先遣支队则由一个坦克旅或

"BT-7"快速坦克

机甲金刚之"BT-7"快速坦克

　　苏联一直重视轻骑兵的作用，所以要求坦克具有很高的速度——每小时80千米。"BT-7"快速坦克是20世纪30年代苏联著名的坦克，采用45毫米炮，500米距离可击穿31毫米装甲。但"BT"系列的装甲普遍薄弱，前装甲只有13毫米，难以抵抗普通反坦克枪的打击。1942年底，它们完全被"T-34"取代。

机械化旅编成。先遣支队中加强有坦克、摩步、炮兵、高射炮兵、反坦克兵、工兵分队。在追击过程中，航空兵的作用也是很大的。追击一般有三种方式：正面追击、平行追击和正面与平行相结合的追击。快速集群应在突破梯队完全突破敌战术纵深，打开突破口后，开始进入交战。而在此之前，快速集群应完全保存实力，待进入交战后再全部释放能量。

　　闪电战和大纵深作战作为现代机械化作战最现实的战略思想，除了在装甲部队使用上有不小的分歧，另外在步兵的作战使用上也有各自的见解。例如，闪电战注重的是以装甲部队为核心，要求包括步兵在内的其他兵种也要以同样的方式实施机动。步兵在作战中也首次被要求具有高机动，能够跟得上坦克的进攻节奏，这也是步坦协调。

2.12 步兵跟上：相互支持的步坦协同战术

　　"二战"前，德国装甲掷弹兵其实就是机械化步兵，携带部分轻装武器，被编配在装甲师里的，要跟随装甲同伴们并肩作战。最基本也是最主要的任务就是：协同坦克集群突破敌人的防线，随即包围、歼灭这一地区的敌军（与此同时坦克继续前进），确保后续部队迅速通过。

苏联步兵乘坐坦克行军或是进攻

在步坦协调过程中，如果遇到有强大反坦克火力的敌阵地，步兵须在坦克之前夺取主动或尽可能牵制大部分的火力（当然像这样没有火力支援的步兵是很危险的，突击炮就是专门为支援步兵而设计）。不过更多时候，装甲掷弹兵是坐在车上而不是在步行（有关步坦协同作战的细节问题，苏军在当时的作战条令上确实规定了"T-34"坦克可以搭载步兵的数量）。

坦克作战一定要有步兵伴随吗？一般来说，坦克执行战斗任务，尽可能有步兵集体伴随前进。坦克和步兵可以优势互补，相得益彰，形成合成战斗力。但在有些特殊情况下，却不宜无条件安排步兵集体伴随坦克行动。右面这张照片很好地诠释了步兵和坦克的关系。

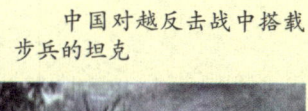

中国对越反击战中搭载步兵的坦克

步兵能够握持的反坦克火箭筒、手雷、肩扛式导弹等，只适合打坦克的埋伏。以静制动，出其不意，打完

步兵伴随突击的坦克

就走。在敌人发现以前就受到致命打击，则将无法还手。如果以之和具有强势机动性和装甲防护的大规模集群坦克正面对抗，无疑是以卵击石。因此，以下两种情况得考虑慎用步兵跟随坦克。

一是坦克需要单车或多车，从远距离上消灭敌人的单个或互相联系的多个坚固、固定或移动的地面非有生目标。这种情况下，步兵跟随只会增加不必要的牺牲。如果还有空中威胁，这种危险性更大。因为步兵不具备坦克的隐蔽观瞄和抗打击条件，也不可能即时构筑工事保护自己，很可能完全暴露在敌人的火力下。就是有乘坐步兵战车的条件，也没有坦克安全。这种情况下，步兵的最优做法是保持距离，在既有利于保护自己又有利于支援坦克的条件下，以火炮（含迫击炮）、机枪火力支援坦克行动。

二是坦克对坦克的情况下，坦克必须最大限度地发挥自己的火力、速度等各项优势，钢铁对钢铁，各种装备针锋相对，步兵也不可能随时紧跟。如果坦克为顾及自己的步兵兄弟，牺牲了自身的机动性，丧失了有利的战机，反而得不偿失。

步坦协同中，伴随坦克作战的步兵是要和车长沟通的。"二战"时期，苏军机械化步兵想给坦克兵传达信息时就用随身携带的工兵锹猛敲炮塔；美国的"M1艾布拉姆斯"重型坦克则保留了步兵电话；中国的"59"式坦克最初没有步兵电话，对越自卫战时，坦克车长从炮塔内甩出一个带通话器的坦克帽，

士兵在使用"M1"坦克外置车载电话

步兵班长爬上坦克用通话器和车长沟通，效率不高而且容易受到越军火力打击，因此，后来统一在车体左后部安装了步兵电话。

2.13 非对称性：不对等的现代坦克战术

战争作为社会发展的组成部分，其形态也必然由机械化向信息化战争形态转变。坦克和坦克战的"战争顶点"已在高科技下变得难以利用，现代战争呈现出更加"非对称性"、"非接触性"与"非线式"的特点。

作战对象的"非对称性"——由于世界各国的经济、科技发展水平不同，因此各国的军队战斗力呈现出"非对称性"。如武器装备性能的"非对称"、战斗主体素质的"非对称"。科索沃战争中美与南联盟、伊拉克战争中美伊的"非对称性"尤为突出。

作战手段的"非对称性"与"非接触

机甲金刚之"M1"坦克

美国陆军现装备"M1"坦克，采用旋转式扁平型炮塔与车体焊接。配有激光测距装置和火炮双向稳定器的数字式火控系统，采用燃气轮机发动机和改进型扭杆悬挂装置，采用复合装甲。车内安装了Halon全自动灭火系统和个体式无超压三防装置，同时装有发动机热烟幕施放装置和12管烟幕弹发射器。

性"——因作战双方技术上的差异，造成双方武器装备性能差距较大，无论是优势一方，还是处于劣势的一方，都以"非对称"手段实施作战，以求发挥各自的特长。海湾战争中，美军首先是利用空中力量的"非对称"优势，大大削弱伊军的战斗力，然后在空中火力支援"非对称"的情况下实施地面进攻，从而100小时就结束了地面战斗。而在科索沃战争中，美军利用"非接触"作战即远程精确打击，让南联盟不得不屈服。但值得一提的是，南联盟利用网络战为手段的"非接触"作战也曾一度瘫痪美军作战指挥系统。

作战方式的"非接触性"与"非线式"——由于技术的发展，武器性能大大改善，作战平台与部（分）队的机动能力大大提升，战场趋于单向透明，作战方式呈现出"非接触性"与"非线式"。信息化战争中，信息流控制物质流与能量流。信息流的无规则流动导致了战场的"非线式"。作战双方都根据信息，寻找对方的弱点实施攻击与打击，而不再是两军成绵亘线式展开，打层层剥壳式的战争。机械化战争中的程序化、程式化、标准化、规模化以及与大机器流水线生产相对应的按时间表协同的线式作战方式，将被信息化战争中非程式化、非程序化、非标准化、非规模化以及与信息时代"分众化"生产相对应的小型、分散、灵活多变的"非线式"作战方式所代替。

恩格斯指出："一旦技术的进步可以用于军事目的并且已经用于军事目的，它们便立刻几乎强制地，而且往往是违反指挥官的意志而引起作战方式上的改变甚至变革。"

随着信息技术、通信技术的进步，武器性能的提高，战争中更加注重实施"三非"作战，力求最大限度地发挥武器装备效能，达成战争的速战速决。如美军的《2020年联合作战构想》中提到的"主导机动、全维防护、精确打击、聚焦后勤"的作战原则与观念，实质上就是"三非"作战思想的体现。

第3章 沙场点兵 将帅传奇

"夫将者，国之辅也。辅周则国必强，辅隙则国必弱。"古今中外，王朝之嬗变，国家之兴亡，莫不与将帅之优劣息息相关。军队作战能力的形成，是通过人、武器与信息间的有机结合实现的。信息作用的增大，使人在战斗力中的主导地位更加突出，对人员知识水平的限定更加严格。离开了信息或信息利用水平低，人便不能与武器有机结合，就不能形成有效的战斗力；若作战人员不具有相应的能力，即便是拥有现代化武器的军队，也不具有信息条件下的战斗力。

当然，决定战争胜败的因素是多方面的。战争的性质，战争双方的力量对比，这些都是至关重要的因素。然而，将帅作为战争（或战役）的组织者和指挥者，其作用也是绝对不容忽视的。可以说，无卓越之将帅，即不能创彪炳之功业；无优秀之指挥，则不能获辉煌之胜果。

3.1 "装甲怪杰"：海因茨·威廉·古德里安

在第二次世界大战的欧非战场，德国装甲兵的坦克曾一度创下令世人瞩目的战绩。这与被誉为"德国装甲兵之父"的古德里安陆军大将不无关系。1888年，海因茨·威廉·古德里安出生于东普鲁士一个德国陆军军官世家。1908年，古德里安正式加入了德国陆军，曾参加第一次世界大战。古德里安从青年时代开始，就表现出了与众不同的创造性和想象力，他从不满足于现有的战术、技术和兵器。他虽然接受过正规而系统的军校教育，但对于坦克战则是勇于创新、无师自通而远胜他人。古德里安经常利用战术演习和兵棋推演的机会，发表自己关于战车将成为地面战场主宰的新观念。1935年，他参与组建德国装甲师，并任师长。在第二次世界大战中，希特勒任命古德里安为装甲兵总监。

现代坦克战理论不是古德里安发明的，但他却是第二次世界大战爆发前最早将理论付诸实践的先驱，是提倡将坦克与机械化部队使用于现代化战争这一论调的重要推动者。英国的富勒和利德尔·哈特最早提出高速坦克战理论，并且世界上第一支实验性的装甲部队也是英国人最早在索尔兹伯里平原上组建的。但是，古德里安以惊人的执着超越了这些理论先驱，一手创建和训练了德国的装甲兵。在实践中，他对坦克集群的联络协调，坦克和炮兵、工程兵、步兵混合编组及协调，空地配合都形成了自己独到的看法。在他的组织与推动下，德国建立了一支当时作战最具效率的装甲部队，屡败敌军。他是联合兵种作战和前线指挥等战争形态发展的主要推动者之一。

古德里安提出的"闪击战"核心是："以具有强大突击和机动能力的快速机械化进攻部队，集结大量作战飞机和机械化程度较高的重炮，以向装甲兵提供迅速、致密的火力支援，形成一种无坚不摧的突击力量，并产生令人胆战心惊的震撼，使敌人在惊愕中丧失斗志，使敌崩溃而非全歼敌军，由后续部队完成清剿溃散敌军。"

"闪击战"理论成为战争形态的新发展。

希特勒的上台，为

搭乘坦克行进的德国士兵

古德里安的实践提供了用武之地。1939年8月，他担任第十九军军长（兼任第三装甲师师长）。他和他的部队在一个月后参加了波兰战役。古德里安实施了令人吃惊而所向披靡的坦克战。作为德军北翼的开路先锋，狂飙突进的第十九坦克军不到两个星期，就使战术落后的波兰人陷入重围。随即赶到的德国步兵所起的作用就是围捕俘虏。1940年5月，在法国战役中，他又一次担任了攻击矛头。古德里安的进攻速度不仅令对手，甚至令他的上级和希特勒都胆战心惊。在渡过马斯河后，他就不再将坦克当自行火炮使用，而是尽可能地发挥其高速特点，向深远地区运动。从色当直到滨海的阿布维尔、格拉夫林，完成了一个举世震惊的大包围圈，把北部法兰西和比利时的所有盟军都装进了口袋。

在德军的"闪电战"面前，波兰只坚守了1个月零4天（指波兰最高指挥部签投降书），号称"欧洲最强陆军"的法国只坚守了1个多月，挪威只坚守了23天，而丹麦这样的小国家甚至只守了几小时就匆忙宣告投降。作为"德军装甲兵之父"，可以说在第二次世界大战初期德国人所取得的一系列胜利，大都必须归功于古德里安。因为在那时，单是以各方兵力和装备的对比来看，德国并不足以取胜任何一个欧洲强国，只是因为成功运用了高速坦克战的战术，才使得德国人取得了一时的胜利。

苏德战争爆发后，古德里安连续指挥了明斯克战役、斯摩棱斯克战役、基辅会战和维亚兹马会战。古德里安十分强调神速用兵，认为赢得了时间就赢得了胜利。他指挥的装甲部队的进攻速度，往往比计划中的时间大大提前。这不仅使苏军最高统帅部感到意外，就连德军最高统帅部也感到简直不可思议。所以，在战斗过程中，古德里安常常接到阻止他前进的命令，而他深信自己指挥的正确，总是"违令"而行。

在基辅战役后，古德里安率军北上，参加对莫斯科作战的"台风攻势"，直逼莫斯科城下。因为俄罗斯严寒的冬天降临了，致使准备不够的德军战斗力锐减。在实力雄厚的苏联红军面前，他的部队闪击受挫。古德里安极力建议将部队撤往冬季防线，休整再战。这个建议惹恼了希特勒，结果古德里安被免去军职。

古德里安在德军中绰号"火爆汉斯"，是为数极少的敢于顶撞希特勒的将领之一。其后他担任过装甲兵总监和总参谋长，负责编组、训练新的装甲部队。他虽然反感希特勒，但仍拒绝参加反希特勒的"黑色乐队"组织及1944年7月暗杀希特勒的行动。他也与守旧的克鲁格闹得很僵，曾因库尔斯克会战的问题而差点决斗。1945年3月，他因力主停战而再次被解职，5月10日，在慕尼黑家中被美军俘虏。

1954年，古德里安死于心脏病，终年68岁。古德里安作为一名高级军官，他一方面爱兵如子，常常轻松活泼地与士兵交谈；另一方面，他坚持自己的主张，不惜与上级对抗。著有《注意！坦克》一书。

3.2 "沙漠之狐"：埃尔温·隆美尔

埃尔温·约翰尼斯·尤根·隆美尔，纳粹德国的陆军元帅，著名的军事家、战术家、理论家。"二战"中最著名的将领之一。

1891年11月15日，隆美尔出生于德国海登海姆市。他的父亲和祖父都是教师，母亲也出身官宦门第。青少年时期的隆美尔并没有投笔从戎的打算，他更希望能成为一名机械工程师。不过他的父亲写信把儿子推荐给了伍尔登堡的驻军。

1910年3月，隆美尔到伍尔登堡步兵团当了一名列兵。由于他严守纪律、训练刻苦和军姿良好，很快就被提升为中士。当时德国正在为争夺世界霸权而扩充军备，急需高素质的军官。不久，隆美尔因为各方面表现突出而被保送到但泽皇家军官候补生学校学习。对平民出身的隆美尔来说，进入皇家军官学校本身就是一种荣耀。

隆美尔毕业时，校长给他的评语是："性格坚强，有极强的意志力和高昂的热情；守纪律，时间观念强；自觉、友善、智力过人；有高度的责任感。"军校校长最后的总结是："总之，他是一位非常能干的军人。"

隆美尔出身步兵，第一次世界大战期间任连长，先后获得3枚十字勋章，也是合格的步兵指挥官。

隆美尔平生参加的第一次战斗，是在法国一个叫瓦伦尼斯的小村。当时，正在步兵部队服役的隆美尔带领3名士兵巡逻，突然发现20多个法国士兵正在悄悄向他们部队的驻地逼近。隆美尔喝止了手下想要撤退的举动，立即下令向这20余名法国士兵开火。几名法国士兵应声倒地，其余的人马上卧倒，双方互射。隆美尔一方因为人少处于下风，但他的连队战友很快前来支援，法军不支溃退。这样，隆美尔就以4个人击溃了20多个人的法军，他也因此而获得了一枚铁十字勋章。这是隆美尔军事生涯中获得的第一枚勋章。

1917年，隆美尔在喀尔巴阡山的一次战斗中，率领部队沿着一条鲜为人知的山路，不顾疲劳，强行军50小时，打得敌人措手不及，俘获了5000多人，火炮30门。这时的隆美尔虽然还只是一名下级军官，但已经显露出不同一般的军事才能和战术意识：先发制人、敢打敢拼。

此外，他还常常千方百计地渗透到敌人防线后方，动摇其军心。战斗中，隆美尔尽情展示了其冷酷、狡诈、粗暴、坚忍等性格特征。

"一战"虽然没有给他更多参加战斗的机会，但隆美尔两次负伤，四次获得军功勋章。他对战争与勋章的狂热、非同一般的军事素养让他崭露头角。

"一战"后，他历任战术教员、猎骑兵营营长等职，因著有《步兵进攻》一书而引起希特勒的重视。1938年调任希特勒大本营司令。1940年2月，希特勒任命隆美尔为第七装甲师师长，并赠给他自己的著作《我的奋斗》一书。从此，隆美尔进入了他军事生涯的黄金时代。

隆美尔对第七装甲师的状况非常不满，仿佛它是一堆破卡车和饭桶组成的窝囊废。隆美尔将军一上任就风风火火地干开了，尽管自己身为步兵军官，根本不懂机械化式的军团。第七装甲师的确不像波兰战役中大显威风的那几个坦克师，它是西线上的一件摆设：本应有两个装甲团的编制却只有一个装甲团，而且这个团的218辆坦克只有一半是德制"马克"Ⅲ型坦克，另一半是捷克造的"38T"型轻型坦克，装甲薄、火炮口径小，唯一的优点是速度快。

1940年5月10日，希特勒开始了入侵西欧的计划。德国人以闪击战术狂飙突进，几天时间就越过荷兰、比利时、卢森堡，进入法国。隆美尔的装甲师担负突破缪斯河、占领瑟堡的任务。隆美尔以闪击战的战术、不合常规的战法常常打得英法军队措手不及，从而成功地破坏了敌人的作战部署，占领了法国战略要地瑟堡。因此，一提起德军的这支"魔鬼之师"，英法军队无不胆战心惊。

1941年2月，希特勒又任命隆美尔为"德国非洲军"军长，前往北非援救一败涂地的意大利军队。他到达北非的黎波里前线后，立即做了一次侦察飞行，得出了"最好的防御就是进攻"的结论。16日，他正式接管了前线的指挥权，于是他便改变"固守防线"的命令，指挥他的装甲部队冒着沙漠风暴勇猛穿插，全速前进。英军猝不及防，节节败退。九天之后，德军攻占了恩努菲利亚，他又指挥部队攻占了艾阿格海拉地区的要塞、水源和机场，占领了马萨布莱加，把英军逼到阿吉达比亚地区并攻占了阿吉达比亚。

他不顾意大利最高统帅部的阻止，利用英军调防、轻敌的有利时机，采取大胆行动，把数量不多的德军和意军组成混合纵队继续前进。从塞尔提向穆尔祖赫发起进攻，向前挺进了720多千米，给英军以意外的打击。经过艰苦战斗攻陷了梅希里，使整个巴尔赛高原落入轴心国军队之手，兵锋直逼亚历山大和苏伊士。

隆美尔的进攻使英军损失惨重，只剩下了一支被围困在托布鲁克的部队，曾指挥英军打败意军的奥康诺将军也成了德军的俘虏。

由于他在北非沙漠战场的一系列惊人战绩，隆美尔因此名声大振，成为一个具有传奇色彩的军人和德国人崇拜的偶像，也赢得了"沙漠之狐"的美名。1942年1月，隆美尔获橡树叶双剑勋章，升任非洲装甲集团军司令。不久，他夺回了昔兰尼加，因此被提升为上将。6月，隆美尔被授予元帅军衔。

　　此时，德军主力被牵制在苏德战场，希特勒不肯抽兵援助北非前线，致使隆美尔不得不停止进攻而在阿拉曼进行防守。以仅有的5万军队和550辆坦克，在阿拉曼地区抗击蒙哥马利的19.5万军队和1029辆坦克。

　　1942年11月，隆美尔终因寡不敌众而惨遭失败。1943年3月31日，希特勒把隆美尔召回最高统帅部，授予他橡树叶钻石勋章，之后被免职疗养。8月，希特勒又起用隆美尔，任命他为驻意大利北部B集团军群司令。12月，B集团军群司令部改驻法国，隆美尔被命令负责沿海要塞工事的构筑，即"大西洋壁垒"。他率陆军B集团军群在法国组织防御，指挥抵抗诺曼底登陆战役。

　　1944年7月17日，隆美尔乘车视察前线返回途中遭美军飞机袭击，他被摔出车外而受重伤。7月20日，德国发生了行刺希特勒未遂事件，隆美尔受到株连，被指控为谋杀希特勒的同案犯。1944年10月14日，由于希特勒派人逼迫，他在一辆小轿车中服毒自尽，而当局对外宣布的消息则是，"隆美尔陆军元帅在途中中风去世"。

　　隆美尔是个军事天才，在战术方面有着很深的造诣，在军事领域内有着特殊的地位。在第二次世界大战中，他用日记对作战经过做了详细的记录，为后人研究"二战"提供了依据。就自身而言，他是一个热爱荣誉视荣誉高于生命的人。从军事角度来看，他有过人的军事素质，出色的军事指挥艺术，对世界军事历史产生了重大影响，确实值得后人研究。也许正因为这点，英国前首相温斯顿·丘吉尔曾对其评价："我们面对的是一位

隆美尔和他的战友在一起

大胆与熟练的对手，一位伟大的将军。"

　　这一位身材不高但很结实的德国将军创造的沙漠坦克战奇迹，至今无人超越。北非作战中，兵力、火力、后勤补给，甚至与盟军的关系，隆美尔都远远不如对手，但英军就是打不过他。隆美尔逐渐成为德军中"战神"般的传奇英雄。

　　构成隆美尔传奇色彩的因素，首先是他矮小的身材、狐狸般的狡诈，其次是他指挥装甲部队时高超的指挥艺术，声东击西、神出鬼没，特别是他在第二次世界大战的北非战场中多次以寡胜多，军事行动诡异多变，令人惊叹。他甚至被誉为"20世纪的汉尼拔"。

3.3 "沙漠之鼠"：伯纳德·劳·蒙哥马利

　　蒙哥马利，英国陆军元帅，军事家，是"二战"时盟军最杰出的将领之一，以成功掩护敦刻尔克大撤退而闻名于世。由他所指挥的著名的阿拉曼战役、西西里登陆、诺曼底登陆，为其军事生涯的三大杰作。

　　蒙哥马利能在同辈人中出类拔萃，最重要的一点是他有别人无法企及的敬业精神。

蒙哥马利

伯纳德·劳·蒙哥马利1907年考入了桑德赫斯特皇家军事学院，从他1902年在圣保罗学校选择"陆军"班那一天起，他就把军事作为自己毕生为之奋斗的事业。

1908年12月毕业后，他加入了驻印度的皇家沃里克郡团，当了一名少尉排长，后以一个普通士兵的身份参加了第一次世界大战。之后由士兵一步步地成长起来，在第二次世界大战初期他任英国步兵第三师师长，参加了在法国、比利时的作战。无论是在桑德赫斯特军事学院学习，还是在印度服役；无论是在训练场上，还是在坎伯利和奎达参谋学院；无论是在和平时期，还是在战争年代；无论当连排长，还是任帝国参谋总长，他一心想的只是训练、作战和胜利。他不抽烟，不喝酒，不爱交际，不好女色，除了军事以外，他没有别的兴趣和爱好。

蒙哥马利知人善任，敢于大胆使用新人。蒙哥马利在其《回忆录》中写道："我的工作时间也许有三分之一用于人员的考虑上。"在两次世界大战之间的和平时期，蒙哥马利花了许多时间，采用各种方法来物色、选拔和任用有才华的军官。他每到一个新的部队，总有一批不称职的军官被罢免，总有一批优秀的士兵被提升。他的这种做法难免引起一些人的怨恨，但却使部队充满生机，面貌一新。

"二战"爆发后，他更加重视把优秀的军官选拔到各级领导岗位上。他不仅使自己身边有一个合格的参谋部，而且慎重地选拔下属将领，把一些表现极好的人提拔到军、师领导岗位上来。由于蒙哥马利知人善任，他的部队的各级指挥班子都坚强有力，斗志旺盛。

蒙哥马利与部下保持密切的联系，对部队有巨大的号召力。蒙哥马利无论是当营长、旅长，还是当师长、军长，或是当集团军司令、集团军群司令和参谋总长，他都经常到各部队视察、参观、访问、看演习、主持运动会、发表演讲，同各级军官和士兵会面、交谈，让每一个部属都认识他，了解他，从他身上获取力量和信心。在充满硝烟的前线，那个戴着有将军和皇家坦克团两个帽徽的军帽的人就是蒙哥马利。

经常接触部队使他在部属心目中树立起良好的形象，也增强了官兵和他之间的信任和信心。不论是在北非，还是在欧洲，他的部队中都没有出现过信任的鸿沟。因此，每次重大战役之前他去检阅部队时，都能使全体官兵备受鼓舞，信心倍增，满怀必胜的信念和高昂的斗志投入战斗。他认为，一个统帅人物要在部队中具有威信和感召力，就必须使下级官兵经常能够在前线看到他。他对自己在参加"一战"时从未见过总司令深感遗憾，并认为这是英军士气低落、战斗力不强的重要原因之一。因而他常说："各部队官兵看到这顶帽子，就知道我来了。"

蒙哥马利具有极高的军事才能和带兵能力，最为人称道的是他作为一个部队训练者的才能。无论是在参谋学院任教，还是在担任师长或后来担任更高职务期间，他都表现出一种卓越的训练才能：他能鼓舞自己所领导的官兵对战争产生兴趣。他不仅给部属灌输战斗精神，而且灌输事业心，使他们愿意掌握所需要的各种技能；他不仅能使那些厌烦战争的士兵愿意去打仗，而且还能鼓舞他们把仗打好。他带领的部队都训练有素、士气很高、战斗力很强。

当德军入侵荷兰和比利时的时候，英国远征军立即向东疾速前进。第二军以蒙哥马利的第三师为先头部队，前进到了迪尔河一线，他们的前进节奏进行得像时钟一样准确。在担任第五军军长时，他把全军训练成一支能在各种气象条件下作战的部队。他用万无一失的原则来检验他的部队，并规定年龄在45岁以下的所有参谋军官每周都必须背着枪支弹药列队正式行军，并且必须全副武装越野长跑16千米。这样的训练在战争过程中，给部队带来了很大好处。

1942年7月，北非沙漠中的英国第八集团军被"沙漠之狐"隆美尔的非洲军团所击败，退守埃及境内的阿拉曼地区。1942年8月4日，丘吉尔任命蒙哥马利将军为第八集团军司令。

到任后，蒙哥马利随即就开始处理他认为必须立即予以注意的三项任务：第一项任务是在集团军内树立他的形象，并恢复全军人员对集团军本身及其高级军官的信任；第二项任务是建立一个与他的性格和作战理论相适应的指挥系统；最后则是对付隆美尔。

隆美尔在制订作战计划时，对可能出现的偶发事件留有很大余地。蒙哥马利则正好相反，总是针对情况，周密判断，对每种可能性和每一种方案都要预先进行全面慎重的分析，在制订出最终计划时，对意外情况和偶发事件通常都能考虑到。蒙哥马利对作战计划要求周密，预测比较准确。

此外，蒙哥马利进行战争的基本原则之一是"均衡"，强调绝不能被对手打得措手不及，绝不能没有预备队就实施攻击，绝不能因补给不足而影响部队战斗力和机动的自由。这些要诀往往能迫使敌人失去平衡，而使己方保持常态。蒙哥马利长期大力宣扬自己的这一原则，坚持在每次出击之前必须在人力物力上做好充分准备，以致引起许多人的嘲笑。然而，他的许多部属从将军到营长，都感到在蒙哥马利的指挥下大家有一种愉快的安全感。在他指挥的几个集团军里，官兵们总是满怀信心地冲向前线，而很少有后顾之忧。对于战争来说，他的这种"均衡"论可能延缓了进程，但却稳妥可靠，使他从未打输过一个重要战役，从而保证了他在部属中的声威。

为赢得北非作战的决定性胜利，蒙哥马利亲自导演了代号为"伯特伦"的欺骗敌人的活报剧。首先是伪造了一个前沿地区的巨大的弹药和其他作战物资堆积所。其次是用假车辆扮演坦克和其他车辆的运动，使敌人对大量部队在作战阵地上集结逐渐习以为常。同时，为了表明主要突击可能来自南面，还在那里敷设了假的水泵站、供水点和蓄水池，施工的日进度表明水管到11月初才能竣工。此外，还抽调通信分队来模拟将在南面发动主攻的无线电通信，以及为新的道路作了路标。为了保密，任务按军衔高低分批传达。在临近进攻发起日的最后一天，才传达到了普通士兵。这些措施使狡诈的隆美尔上当了。

阿拉曼战役后，蒙哥马利受封为爵士，并晋升为陆军上将。随后，第八集团军与盟军配合，于1943年5月在突尼斯全歼北非残敌。1944年6月，蒙哥马利协助艾森豪威尔指挥诺曼底登陆，保证了诺曼底战役的胜利。9月1日，他晋升为陆军元帅。此后，他率领英国和加拿大部队转战法、比、荷、德。1945年5月，他代表盟军在吕纳堡荒原接受德军北方兵团的投降，任驻德英国占领军司令和盟国对德管制委员会英方代表。

蒙哥马利不善于进行机动作战，但他是阵地战大师。同隆美尔的大胆突击，巴顿的有力推进，以及德、苏军队在东部战线进行的大规模装甲机动战相比，蒙哥马利自然是相形见绌。

蒙哥马利在研究德军投降方案

在阿拉曼和古德伍德战役中，他对坦克的使用不当，虽然可以进行辩解，但肯定是有问题的。在这两大战役胜利后的挺进中，他没有及时地指挥部队向前机动，去扩大战果，结果丧失了取得更大胜利的机会。所以，机动作战并不是蒙哥马利所长。

1958年，蒙哥马利结束了50年的军旅生涯而退休，成为英国历史上服役最久的将领。迄今，英国军队中实际上没有一个人能像蒙哥马利那样精通军事，战功卓著。

3.4 战略奇才：弗里茨·埃里希·冯·曼施坦因

　　弗里茨·埃里希·冯·曼施坦因，德国军事家、战略家、战术家，是一名终身从军的职业军人。他是"突击炮"发起人，制订过"曼施坦因计划"、策划了"反手一击行动"。他在第二次世界大战中脱颖而出，成为纳粹德国最负盛名的指挥官之一。

曼施坦因

　　曼施坦因之父是普鲁士将军，他的两个爷爷也是普鲁士将军（其中一个在1871年的普法战争中率领一个军），他的舅舅也是将军，大名鼎鼎的陆军元帅兼德国总统保罗·冯·兴登堡则是他的伯父。他命中注定要以军人为职业。

　　1914年，曼施坦因毕业于柏林军事学院。"一战"结束后，曼施坦因参加重建德国国防军的进程，担任连指挥官。1933年，德国开始扩充军队，破坏《凡尔赛条约》。1935年，曼施坦因进入德国陆军总参谋部。1936年10月，他晋升为少将，出任德国陆军总参谋部首席军需部长，随后升任德国陆军总部首席副总参谋长，开始进入德国陆军的高层决策机构。1938年4月，曼施坦因担任第十八步兵师师长。1939年4月，曼施坦因晋升为中将。

　　在第二次世界大战中，曼施坦因被认为是德国陆军中"最优秀"的将领。他的战略思想深邃而可怕，他所策划的每一次战役几乎都是杰作，总是令对手惊惶失措，胆战心惊。他是那种能够将机动观念和传统的运动战思维巧妙地融为一体的专家，同时对于各种战术运用自如。最能体现他战略水平的是对法作战的"曼施坦因计划"。

1939 年 9 月，德军突袭波兰。在曼施坦因的策划下，德军南方集团军连续围歼波军，包围华沙。9 月 28 日，波军投降。

曼施坦因在前线

波兰战役后，曼施坦因修改制订了著名的"曼施坦因计划"，准备入侵法国。该计划充分展现了闪击战的思想和创造力的精髓：德军将集中使用装甲兵部队穿越阿登森林，突破色当，迅速攻占马斯河的桥头堡，向东进攻，绕过马其诺防线，将法军切断在北部。

希特勒采纳了这个计划，整个法国战役都是按照这个计划为蓝本执行的。

"曼施坦因计划"简单明了，击中要害。它针对盟军的战略部署，出其不意地把主攻方向从北方的 B 集团军群转到 A 集团军群。因此，这就要求主攻装甲部队穿越密林覆盖的阿登山地，而当时坦克部队从来没有尝试过在这种地形前进。而且突破之后主攻部队的南侧翼完全暴露，这里赌的就是法军主力已经在北方穷于应付，南方则被钉

德军进入巴黎

死在马其诺防线，没有实力攻击A集团军群暴露的南翼。这是典型的"有算计的冒险"。虽然曼施坦因本人并没有作为A集团军群参谋长参与法国战役的指挥，但是事实证明，曼施坦因赢了。

1940年2月1日，曼施坦因担任德军第三十八军军长。在法国战役中德军装甲集群洪流滚滚席卷而下，英法联军全线崩溃，从敦刻尔克狼狈撤回英国，法国很快沦陷。

1941年2月，曼施坦因担任装甲军第五十六军军长。6月，苏德战争爆发。曼施坦因指挥的第五十六军在5天内前进320千米，几乎冲进了列宁格勒（今彼得格勒）。9月，曼施坦因成为南线德军第十一集团军司令。他的集团军成功进入克里米亚，俘虏43万苏军。1941年冬，曼施坦因顶住了苏军的冬季反击，继续向南前进。

1942年7月1日，曼施坦因的军队攻克了塞瓦斯托波尔要塞，同日，曼施坦因晋升为德国陆军元帅。随后，第十一集团军被转到北线，加入北方集团军群。8月，曼施坦因负责指挥围攻列宁格勒。11月，曼施坦因担任重新组建的顿河集团军群司令（包括第四装甲集群、第六集团军、罗马尼亚第三集团军），其中第六集团军和部分第四装甲集群被包围在斯大林格

如果说闪击波兰是小试牛刀，那么闪击苏联就堪称德军闪击战的登峰造极之作。首战德军一口气投入了190个师、3700多辆坦克、近5000架飞机、47200多门大炮和190艘战舰，共计500多万人马。开战后，德国坦克和战机以排山倒海之势涌入苏联领土和领空，苏联很快就损失1800多架飞机。10天内德军突入苏联境内达600千米，如入无人之境。

曼施坦因在前线指挥

勒。曼施坦因的任务就是解救这些被围困的军队。

曼施坦因于1942年12月12日指挥军队发起猛烈进攻，到12月24日，德军已经前进至距斯大林格勒（今伏尔加格勒）仅50千米的地方。但由于苏军顽强阻击，曼施坦因的顿河集团军群被挡住了，被迫后撤200千米。

德军在斯大林格勒战役惨败后，整个南线部队向西退却，似乎到了山穷水尽的地步。1943年2月，南方集团军全部放弃顿河弯曲部向西撤至亚速海至哈尔科夫一线，苏军还在步步紧追，灭顶之灾即将来临。恰恰在这时，曼施坦因被任命为德国南方集团军司令。曼施坦因的"特异功能"意识到反击的机遇已经来到。因为苏军名将瓦图京判断出现了失误，错误地认为德军只有退逃而没有阻击之力了。于是指挥方面军展开成一个梯队猛追，这导致了其兵力分散，战线过长，后勤保障困难并降低了增援的可能性。

曼施坦因抓住这一良机，坚决顶住苏军，同时缩短防线，抽出装甲兵力组成了两个装甲突击群，于1943年2月19日开始了坚决的反击，重新攻占哈尔科夫和别尔哥罗德，这是德军在"二战"中最成功的一次反击战，

高速突击的德军坦克

也是德军在东线最后的胜利。此次反击被举世闻名的军事历史学家利德尔·哈特誉为"曼施坦因一生中最精彩的作战表演，在全部的军事史中，也要算是一流杰作"。

1943年7月~8月，在库尔斯克会战中爆发的大规模坦克会战，德国党卫军第二装甲军损失惨重。此时，盟军西西里岛登陆及意大利军队的溃败，使德军大部分机动兵力被调离苏德前线。此后，曼施坦因的南方集团军被迫节节撤退。

1943年9月，曼施坦因将军队撤回到第聂伯河西岸，同时寻找机会对追击的苏联红军造成了重大人员伤亡。从1943年10月中旬至1944年1月，曼施坦因稳定了南方的战局。然而，苏军从基辅方面形成了一个战役突出部，先头部队到达关键地区日托米尔。这时，德军实施了成功的反击，其中武装亲卫队的第一阿道夫·希特勒警卫旗队装甲师和第二帝国装甲师与第一、第七、第十九、第二十五装甲师、第六十八步兵师（第四装甲军的一部分），在日托米尔前面迂回苏军侧翼。他们在赫尔曼·巴尔克将军的指挥下，在布鲁西洛夫与拉多密歇等地得到了几个值得注意的胜利。巴尔克和他的参谋长本来想进攻突出部的根部，向基辅前进，但艾哈德·劳斯将军却赞成采取更审慎的方式。

1944年1月下旬，曼施坦因在苏军的进攻下被迫进一步向西撤退。2月中旬，他违抗希特勒"不惜一切代价守住战线"的命令，下令南方集团军中的第十一军和第四十二军（包括6个师共56000人）于1944年2月16至17日从"科尔逊口袋"中突围。最后，希特勒在行动开始后接受了这次撤退行动，下令突围。

1944年3月，苏军又再度展开攻势，随即突破第四装甲集群与第一装甲集群之间的空隙，准备将第一装甲集群赶往罗马尼亚山区，执行包围歼灭。朱可夫将装甲集群兵力集中在东南边，准备等第一装甲集群向南退却后进行围歼，此时曼施坦因识破朱可夫的意图，于是严格禁止第一装甲集群退往罗马尼亚山区，但若想向西突围又必须面对苏联两个阻挡在前的战车军团，曼施坦因为此要求第四装甲集群东进，与第一装甲集群会合。1944年4月，两集群成功会师，第一装甲集群的20万人得以避免斯大林格勒式的全军覆没。虽然朱可夫得知德军并不是向南而是向西后，立刻命令部队向西追赶，但为时已晚，以为可以瓮中捉鳖的朱可夫又被曼施坦因成功突围。

从军事观点看，退却是一种最复杂的机动，也是一门"最困难的艺术"。退却通常是在极为不利的情况下的作战行动，是艰难复杂的组织指挥工作，但它却是解除战场危机的良策。曼施坦因却能够创造性运用这一行动，阻止和摆脱了强大苏军的攻击和追击，并在极为不利的情况下多次出其不意地打击了苏军，赢得了一次又一次的胜利，多次从危机中挽救德军。

"二战"期间，曼施坦因被认为是德国陆军中最优秀的将领，对于各种战术运用自如。曼施坦因具有极高的战略天赋，擅长组织计划周密的闪击战。同时，曼施坦因是第

战术防御中的德军

一个主张陆军建立突击炮兵种的坦克指挥官。

他先后出版了他的战争回忆录《失去的胜利》《士兵的一生：1887~1939》。英国军事历史学家利德尔·哈特曾评价曼施坦因："他对作战的可能性独具慧眼……曼施坦因元帅已经证明了其是德国陆军中作战能力最强的军事指挥官。"

1944年3月，曼施坦因因为在前线指挥失利被希特勒解除指挥职务，之后完全退出兵役。他于1945年8月23日向英国陆军元帅蒙哥马利投降，被英军逮捕。1952年，因健康原因被提前释放。1956年，他成为联邦德国国防部的军事顾问，对抗苏联的威胁。1973年6月10日，86岁的曼施坦因逝世。

3.5 "不败战神"：格奥尔吉·康斯坦丁诺维奇·朱可夫

朱可夫，苏联著名军事家、战略家，苏联元帅。第二次世界大战期间，他先后指挥了列宁格勒保卫战、莫斯科保卫战、斯大林格勒会战等战役，成功地粉碎了德国的侵略，并率领苏联红军攻占柏林。因其在苏德战争中的卓越功勋，被公认为第二次世界大战中最优秀的将领之一。

朱可夫也是名副其实的救火队员。1941年6月22日，纳粹德国向苏联发动闪击战。苏德战争爆发后，朱可夫历任最高统帅部大本营成员和代表，战时最高副统帅、第一副国防人民委员、方面军司令、方面军总司令等职。他积极参与制订最高统帅部的战略计划，并在前线直接组织实施了一系列重大战役。在战略防御阶段，直接参与指挥莫斯科保卫战，同兄弟方面军一道将德军击退。在

朱可夫

战争转折关头，成功地指挥了斯大林格勒会战、列宁格勒会战、库尔斯克会战和第聂伯河会战的各方面军的行动，扭转了苏军在苏德战场的战局，夺回了战略主动权。1943年1月，因功绩卓著晋升为苏联元帅。

朱可夫与盟军官兵

在战略反攻阶段，朱可夫一路向西。又直接组织和协调实施了白俄罗斯战役、维斯瓦河—奥得河战役和柏林战役，直到最后捣毁法西斯巢穴柏林，代表苏军最高统帅部接受德军投降。在这些战争中，朱可夫元帅显示出卓越的统帅才能。

朱可夫善于运用丰富的实战经验训练军队，具有组织指挥大军团作战的卓越才干；在训练与作战中深入实际，作风果断，深得官兵拥戴。朱可夫出色地组织和指挥了众多重大战役，具有组织指挥大兵团作战的卓越才干，善于在主要突击方向上集中兵力、兵器形成"拳头"，擅长使用坦克兵团，穿插迂回，分割包围。他攻守皆能，所组织指挥的重大战役，较好地体现了苏联的军事学术原则。

研究作战计划的朱可夫

第二次世界大战结束后，驻德苏军部队统编为苏驻德占领军

第3章 沙场点兵 将帅传奇

集群，朱可夫出任总司令兼苏联军管局总指挥。

朱可夫在苏联卫国战争中的杰出贡献，使他成为与苏沃洛夫、库图佐夫相提并论的俄罗斯民族英雄，被载入史册。今天，他已成为战场上胜利的象征。如艾森豪威尔所赞颂的那样："有一天肯定会有另一种俄国勋章，那就是朱可夫勋章。这种勋章将被每一个赞赏军人的勇敢、眼光、坚毅和决心的人所珍视。"

朱可夫著有《回忆与思考》《在保卫首都的战斗中》《库尔斯克突出部》《在柏林方向上》等军事著作，记述了第二次世界大战中苏德战场的许多著名战役，并阐述了他的军事思想。他在军事上的成就，已成了苏联军事学术的宝贵财富。

3.6 血胆老将：小乔治·史密斯·巴顿

巴顿，美国陆军四星上将，是第二次世界大战中最著名的美国军事将领之一。

巴顿拥有一个钢铁人生。巴顿1909年毕业于西点军校，之后在骑兵部队服役。1916年，他作为J.J.潘兴的副官参加对墨西哥的武装干涉。1917年，随美国远征军赴法参战。

巴顿

巴顿以美国远征军司令潘兴将军副官的身份到达了法国后，向潘兴提出了他想上战场的愿望。巧了，由于坦克这一新发明在战场上的表现，潘兴也正在考虑组建美军第一支坦克部队。于是他给巴顿两个选择，要么去指挥一个步兵营，要么去组建坦克部队。于是，巴顿在经过一番考虑后，决定去组建坦克部队！1917年11月，巴顿负责组建了美军第一个装甲旅。所以他不仅仅是一个战神，还是美国坦克部队的组建者。

1917年11月9日，巴顿在马恩河上游的朗格勒组建了美军坦克训练中心。那时候虽然还没有坦克，但巴顿对士兵的纪律抓得很严，一直不停地整顿士兵们的军纪。而且巴顿还常去拜访康布雷附近的英军坦克部队，向他们学习坦克技术。到了1918年3月，法国人终于把潘兴要来的22辆"雷诺FT-17"坦克送到了巴顿那里。当时的巴顿虽然已经十分疲惫，但坦克的到来使他十分兴奋。当时只有他一个人会驾驶坦克，于是巴顿将这批坦克一辆一辆地开进了训练中心。1918年的8月，巴顿已经建成了一个坦克旅，拥有50名军官，900名士兵，25辆坦克。虽然说那时候德国快完蛋了，但巴顿仍然希望带着他的坦克旅去战场上一展身手。

终于，机会来了。1918年9月12日，巴顿受命指挥5个美国坦克连和1个法国坦克连参加战斗。巴顿亲临一线指挥战斗——他带着5辆坦克占领了一个叫庞奈的小镇，缴获了德军的4门大炮和16挺机枪，这是巴顿坦克部队的第一次作战！

战争结束后，巴顿获得了优异服务十字勋章一枚。

1919年5月17日，巴顿带领着他的坦克部队回到了美国，致力于坦克的研究。随即遭遇了"孤立主义"影响，坦克训练计划被迫搁置。直到1940年，为了对付纳粹德国，美国人决定重新组建坦克部队。7月，巴顿又接到了组建美军坦克旅的任务，任装甲旅旅长。但他来到本宁堡的坦克旅训练基地后，看到的却是323辆破烂老旧的坦克和几千名纪律涣散的士兵。于是，巴顿的第二次"创业"开始了。

巴顿自掏腰包，紧急购买零件以修理旧坦克，并且加紧对士兵的训练，而且想办法激励士兵们的勇气和斗志。于是很快，一支充满了战斗力的钢铁军队被锻造了出来！期间还组织了两次检阅，当他的坦克雄赳赳气

第3章 沙场点兵 将帅传奇

任装甲旅旅长时的巴顿

昂昂地从道路上经过，得到了街道两旁市民的欢呼。

1940年12月，巴顿晋升为少将，任第二装甲师师长。1942年任第一装甲军军长，11月，作为北非远征军西线特遣部队司令，他率部参加北非登陆战役，占领法属摩洛哥，并负责组建美国第七集团军。1943年3月，巴顿指挥了战果辉煌的突尼斯战役，同年5月，任第七集团军司令，配合英军在意大利西西里登陆作战。他率部一举攻战了巴勒莫、墨西拿，向敌纵深推进速度之快，令英军望尘莫及。巴顿因战功显赫再度获得十字勋章。

1944年6月，巴顿率第三集团军在诺曼底登陆后，大胆地以装甲兵为开路先锋，长驱直入，战果辉煌。1944年底的阿登战役中，巴顿率部在进攻上来了个90度大转弯，直插重镇巴斯托尼，成功实施反包围作战。1945年3～5月，巴顿率军突破齐格菲防线，强渡莱茵河，与苏军会师，进而突入德国腹地，一周后攻克法兰克福，占领捷克斯洛伐克西部，进抵捷奥边境。巴顿指挥的第三集团军诸兵种的总兵力最多时达54万余人。

巴顿与士兵交流

巴顿在第二次世界大战中立下了赫赫战功，使他威望大增，官运亨通，晋升为四星上将，甚至被誉为"指挥坦克的奇才"。德国投降后，巴顿任巴伐利亚军事长官。同年10月，转任第十五集团军司令，12月，因车祸丧生。

巴顿作战勇猛顽强、指挥果断、富于进攻精神，善于发挥装甲兵优势，实施快速机动和远距离奔袭，被部下称为"血胆老将"。德军名将龙德施泰特被俘后，曾对讯问他的美军将领说："巴顿，你们最好的将军。"

巴顿在第二次世界大战中有鲜明的用兵特点：（1）不拘泥传统战术，善于灵活调动部队；（2）声东击西，善用坦克迂回敌侧翼或敌后实施攻击；（3）在远程突击和追击中敢于推进；（4）重视发挥各级军官的整体作用；（5）拥有一支直接听命于他的侦察部队，收集情报；（6）治军严厉，很重视军人仪表，训练严格；（7）重视身教，以身作则；（8）善于激励士气。

巴顿著作《狗娘养的战争》，由巴顿夫人比阿特丽斯·艾尔编辑。巴顿原副参谋长保罗·D·哈金斯上校撰写脚注和引语，著名军事传记作家道格拉斯·S·弗里曼撰写前言，1947年出版。

3.7 大兵将军：奥马尔·纳尔逊·布莱德雷

布莱德雷，美国军事家、统帅，陆军五星上将。第二次世界大战期间，他是美军在北非战场和欧洲战场的主要指挥官。他是美国最后一位辞世的五星上将，同时也是美国第一任参谋长联席会议主席。

布莱德雷具有儒将之风。1915年美国陆军军官学校（西点军校）毕业后，先后进入

布莱德雷

第3章 沙场点兵 将帅传奇

本宁堡步兵学校和利文沃思堡指挥与参谋学校深造。1941年2月，担任本宁堡步兵学校校长。1942年2月起，先后担任第八十二、第二十八步兵师师长。他举重若轻，指挥若定，是盟军将领之间的忠实协调者。1943年2月前往北非，任地中海战区盟军总司令D.D.艾森豪威尔的战场私人代表。后接替G.S.巴顿任第二军军长，率部参加突尼斯战役和西西里岛登陆战役。1943年9月，任美第一集团军司令，10月，在英国布里斯托尔设第一集团军司令部，并参与制订诺曼底登陆计划。

1944年12月16日，德军集中约24个师的兵力、1000架飞机，向阿登山区发动反攻，重创霍奇斯部。布莱德雷对德军这次发动反攻的可能性是估计不足的。次日，布莱德雷与艾森豪威尔等人在分析德军的攻势之后，明确了盟军当前的主要任务：（1）顶住从北面和南面突入阿登山区的德军；（2）控制位于西去的咽喉要道上的圣维特和巴斯托尼；（3）沿着马斯河岸组织抵抗。

德军的攻势使布莱德雷设在卢森堡的前进司令部受到严重威胁，艾森豪威尔也催促前进司令部退驻凡尔登。布莱德雷唯恐此举动摇军心而予以拒绝。

1944年12月18日，布莱德雷果断命令霍奇斯部队掉头南下，巴顿部则转而北上，迎击德军。22日，巴顿开始发动进攻，由南向北打击德军突出部。23日，盟军开始对德军实施猛烈的空中突击。为了争取英军的支援，艾森豪威尔将布莱德雷所辖的美国第一集团军和第九集团军临时转隶蒙哥马利。但是，蒙哥马利直到1945年1月才发起进攻。

1945年1月31日，盟军在乌法利兹会师，收复突出部，将德军赶回初始防线。在阿登战役中，盟军以伤亡7.7万的代价，使德军伤亡12万。

根据艾森蒙威尔在1945年3月21日命令，布莱德雷全面组织实施"低调"和"航行"作战计划，率部渡过莱茵河，向法兰克福推进，尔后全力挺进卡塞尔，后这项计划被人称为"布莱德雷计划"。

1945年3月28日，布莱德雷指挥美军历史上最大的集团军群司令部迁到德国的威斯巴登。4月15日，盟军发起进攻德国的最后总攻。4月18日，被围德军约32万投降，西线德军总司令莫德尔开枪自杀。4月26日，美军与苏军在易北河畔的托尔高地区正式会师。

布莱德雷1948年2月任美国陆军参谋长，翌年8月任参谋长联席会议主席，1950年9月被授予陆军五星上将军衔。他著有《一个士兵的故事》。

3.8 让衔大将：许光达

许光达，中国人民解放军高级将领，1955年被授予大将军衔。曾任中国人民解放军装甲兵司令员兼坦克学校校长和装甲兵学院院长，国防部副部长。

许光达

1932年，具有丰富实战经验的许光达赴苏联东方大学学习汽车、坦克、大炮技术，这为其以后领导中国人民解放军装甲兵建设奠定了基础。1937年学成回国。1939年，第二次世界大战爆发，闪电战成为当时最新的作战方法，许光达发表《闪电战的历史命运》，对苏德双方政治、经济、军事等方面进行分析，认为德军的闪电战在苏德战场必然覆灭。战争的进程印证了许光达的

许光达与毛主席在一起

预见。1950年5月，中国人民解放军组建装甲兵。毛泽东在中南海亲自点将，把许光达从兰州召回北京，派他筹建现代化新技术兵种——中国人民解放军装甲兵。6月，毛泽东签署中央军委命令，许光达被任命为新中国的第一位装甲兵司令员兼政委。

1950年9月1日，人民解放军装甲兵司令部在北京正式成立。从接受命令的那一刻起，许光达就把整个身心都扑在了坦克上。他不止一次地对同志们说："我们要树立终生为装甲兵建设服务的思想，把我们的聪明才智献给装甲兵事业。"在装甲兵建设中，强调"没有技术就没有装甲部队"，指示装甲兵各领导机关要建立"军官日"学习制度，给干部自学创造必要条件，自己先后兼任坦克学校校长和装甲兵学院院长。

装甲部队组建伊始，困难重重。当时我军的坦克数量很少，且都是从国民党那儿缴获来的。要建设一支强大的装甲兵部队，几乎是从零开始。身为司令员兼政委的许光达昼夜奔波，诸事亲自筹划，忘我工作。经过短短四个月的艰苦努力，便在全国各大军区建立了坦克师、独立坦克团、独立坦克营以及坦克编练基地、修理厂及坦

许光达与学员在一起

克学校。之后，许光达又领导组建了华东军区、东北军区的摩托化装甲兵领导机关，还成立了专门培养中、高级指挥干部和技术人员的装甲兵学院和装甲兵工程学院。为了祖国的装甲兵事业，许光达简直到了忘我的程度，他一有时间就深入课堂和教练场，经常亲自给学员上战术课。平时，他带头学技术，年过半百的装甲兵司令员，坚持亲自登上战车参加训练。在他的带动下，坦克部队官兵掀起了学习技术、比武训练的热潮。

1950年10月，我中国人民志愿军开始抗美援朝，这给刚刚诞生的人民装甲兵部队提出了严峻的挑战。为支援我人民志愿军，装甲兵部队党委做出决定：要求部队在三个月内完成一年的训练任务，迅速掌握基本技术，随时准备入朝参战。为此，许光达率领机关参谋人员深入到基层部队蹲点，帮助部队制订科学的训练计划，改革训练方法，突出重点、难点，提高训练质量。

1951年1月，装甲兵成立仅仅三个月后就派出一个团去了朝鲜。其后不久，许

许光达与军委首长接见优秀坦克手

国产第一台"59"式主战坦克

光达又亲临朝鲜前线，实地考察和研究装甲部队的作战及战场技术保障工作。在装甲兵建设过程中，许光达提出了"没有技术就没有装甲兵"的响亮口号，他认为"技术建设在装甲部队建设中占着头等重要地位"。强调把思想工作与技术工作相结合，许光达是当时提出这一观点的第一人。

研制生产出性能先进的国产坦克，一直是许光达的理想和追求。为此，他殚精竭虑，费尽了心血。1959年，中苏关系恶化，苏联撤走了专家、技术，原材料被全部封锁，国家的一些领域建设都受到了严重损失。而恰恰在这时，我国第一台"59"式主战坦克诞生了。当1959年举行国庆10周年大典的时候，许光达陪同毛泽东主席站在天安门城楼上，检阅由国产坦克组成的坦克车队。

1955年9月，许光达被授予中国人民解放军大将军衔，获一级八一勋章、一级独立自由勋章、一级解放勋章。1959年9月，任国防部副部长，1969年6月3日在北京逝世。主要著作有《战术发展的基本因素》《论新战术》《许光达论装甲兵建设》等。

3.9 "独眼将军"：摩西·达扬

达扬，以色列军事领导人，军事学家。早年就学于耶路撒冷的希伯来大学和坎伯利参谋学院，学习军事。达扬对军事有着一种天生的悟性，在第二次世界大战期间参加英军并失去左眼，人称"独眼将军"。

达 扬

1936年，达扬加入了英国在巴勒斯坦地区的警察部队。同年，他兼任"哈加纳"的军事教官，亲自编撰了《野战指南》教材，使受训的官兵颇有收益，他的军事才能渐渐崭露头角。

1948年5月14日，第一次中东战争爆发。达扬受命组建第八十九突击营奔赴战场。战斗中，他提出的口号是"随我冲"，而不是"给我上"。达扬的所作所为，深得总理本-古里安的赏识。次年，达扬因战功显赫，被提拔为少将，年仅34岁，成为以色列军队中最年轻的将军。

他任人唯贤，不拘一格。为使更多的军事人才脱颖而出，他规定退役时间为40岁，好为更多的人得到及时晋升提供机会。

1956年7月，埃及宣布收回苏伊士运河的主权，英国对埃进行武力要挟，要求以色列提供援助。达扬主动向本-古里安请缨，保证以最短的时间，最小的代价，赢得对埃及的战争。

10月29日下午，以色列空军出其不意地飞越西奈半岛埃及一侧领空，将500余人及所需装备空降在埃及米特拉山腹地，第二次中东战争拉开序幕。埃以双方此后展开大战，以军遭到埃及反坦克火炮的袭击，损失不

挥师南征中的达扬

小。达扬亲率大军挥师南征，取得不少战果。

第二次中东战争后，达扬自觉从领导岗位上退了下来。他到当时战火纷飞的越南，考察了解新的装备和新的战争状况。

由越南返回后没多久，埃及总统纳赛尔发布了一号战斗令，宣布封锁对以色列至关重要的蒂朗海峡。一时间，战云密布，一触即发。

以色列国内笼罩着不安的情绪，这让达扬感到责无旁贷。他到边境线上视察，准备以普通士兵的身份参战。这时，以色列政府任命达扬为国防部长。

第3章 沙场点兵 将师传奇

达扬经过周密、细致的研究，提出了后来被证明是极其出色的达扬计划——对埃及进行闪电战。1967年6月5日7时25分，大批以色列战斗机突然轰炸西奈的埃及军队——第三次中东战争开始。3个小时后，埃及精心发展起来的空军全部战机被击毁。然后以军发动地面战，4天拿下西奈。达扬出尽了风头。

第三次中东战争的失败使阿拉伯国家损失惨重，不但损兵折将，还丢掉了大量的土地。阿拉伯国家将这一战视为奇耻大辱，决心要击败以色列，收复失地。他们吸取在军备上不如以色列而失败的教训，极力寻求苏联的支持，斥巨资从苏联购进了大批先进的"T-62"坦克、米格飞机和"萨姆"防空导弹，并请来了苏军顾问，对阿拉伯军队进行适应现代化战争的严格训练，从而极大地提高了阿拉伯军队的战斗力。

除此之外，阿拉伯世界还空前地团结了起来，相互之间进行了政治、军事和外交上的紧密合作。

1973年10月6日，在犹太人的赎罪日，包括达扬在内的多数以色列人做梦也没有想到的第四次中东战争爆发。以军仓促应战，被动挨打，精心打造的巴列夫防线彻底崩溃。叙军的10万大军和1000辆坦克抱着收复失地的信念，战斗起来英勇异常，分三路杀向戈兰高地，很快就突破了以军的前沿阵地。叙军北路部队以坦克部队为先导，继续向纵深猛插。但以军在冲击道路沿线构筑了许多防坦克壕，壕宽4~6米，深4~9米，坦克无法直接通过。叙军聚集在防坦克壕附近，以军集中反坦克炮猛烈开火，叙军的坦克在壕边损失惨重。

经过艰苦战斗，叙军终于突破了以军的反坦克壕，另以扫雷坦克荡平了以军的地雷场，主攻部队则在主战坦克的掩护下，向以军阵地发起了猛烈冲击。以军的兵力不足，而防线后的导弹阵地和空军部队又因叙军的空袭而损失惨重，一时间无法参战。前沿以军步兵拼死阻击，终于经受不住叙军轮番冲击，防线被不断突破。

在中路和南路，叙军坦克部队与以军第一八八装甲旅大战于艾哈迈里亚城下，这是20世纪继库尔斯克坦克大战后的另一场坦克大搏斗。叙军坦克主要是苏制"T-54/55"型，该坦克装备1门100毫米坦克炮，有1套夜视设备，另外还有少量较先进的"T-62"型坦克；以色列军的坦克主要是英制"百人队长"，装备1门105毫米火炮。叙军坦克部队采用坦克集群的"波浪式"进攻战术，排山倒海而来。以军坦克部队毫不示弱，也勇猛地出击。双方在相隔2000米的距离开火，一直打到相距10米，完全是炮口对炮口的坦克"白刃战"。两军1500余辆坦克奔驰于战场，反复撕咬，血肉横飞。叙军发挥了连续作战的精神，夜晚也坚持进攻。叙军的苏式坦克有夜视设备，而以军则缺乏夜视器材，因而夜战中叙军掌握了主动。叙军能比较从容地接近到以军的阵地前沿开火，携带反坦克火箭筒的战士则突入到以军阵地内攻击以军坦克。战斗极其惨烈，天亮时，双方的坦克残骸遍布阵地内外。

激战近两天，以军装甲旅损失殆尽，终于无法支持，只好退守库奈特拉。叙军以一部兵力围住该城，主力部队继续向南猛插，直抵原来的叙以边境。形势对以色列十分严峻。

然而埃及和叙利亚这时在判断上产生了失误，导致举棋不定。从10月10日起，埃叙停止了攻势，转而开始巩固收复的地盘。而以色列军队则从最初的混乱中反应了过来，能征善战的本色终于显露。达扬决定先集中兵力打垮叙利亚军队，再腾出手来重点对付埃军。10月10日，以色列军队集中7万大军和1000辆坦克，向叙军发起了进攻。叙军急忙抽调包围库奈特拉的部队，双方又是一场坦克大战。以军装甲部队集中的1000辆坦克分三路发起攻击，叙军虽顽强战斗，但终于被击溃，库奈特拉之围解除。在整个战争中，叙军损失了1150辆坦克，以军则损失坦克250辆。

在北线战场激烈战斗的时候，埃及军队看出情势不妙，连忙从西线发动攻势以策应北线叙利亚军队。10月14日，埃军集中8万大军和1000辆坦克，在80架飞机、200门大炮的配合下，向以军发起了第二轮进攻。埃军坦克部队冲在前面，很快脱离了空军部队的火力掩护。以军抓住战机，立即以反坦克炮和空对地导弹猛烈攻击埃军坦克，重创了埃军坦克部队。以军坦克部队随后出动，与埃军展开了坦克大战。战斗持续了5个多小时，埃军损失惨重，向后退去，200多辆坦克烧成了一堆堆废铁，而以军只损失了50辆坦克。以色列军队紧抓战机，迅速从北线调回主力部队和大量武器，于10月15日向西线的埃及军队发动了反攻。

达扬根据战场的形势变化，果断地命令手下虎将沙龙率其部强渡苏伊士运河，将埃及退路切断。因此，埃军腹背受敌，处境日益被动。

就在战火胶着之时，安理会、美苏从中斡旋，1973年10月24日，交战各方均表示接受停火，第四次中东战争结束。

达扬退出军界后，应邀在贝京政府内担任了两年外交部长，为埃及和以色列签署《戴维营协议》并最终缔结和平条约，做了许多具体的工作。

1981年10月16日，达扬死于心脏病猝发，享年66岁。

3.10 "风暴诺曼"：诺曼·施瓦茨科普夫

诺曼·施瓦茨科普夫，美国陆军中央司令部司令，海湾战争多国部队总司令。

诺曼·施瓦茨科普夫1956年毕业于西点军校，毕业后入空降兵部队。因其脾气暴躁，稍不如意便暴跳如雷，所以同事给他起了个绰号叫"风暴诺曼"。1983年6月，他任美军第二十四机械化步兵师师长。同年10月参加美国入侵格林纳达，任副总指挥。1990年8月2日，伊拉克入侵科威特，他任美军参战部队司令和多国部队总指挥，在海湾战争中组织实施"沙漠风暴"行动，表现出较高的军事谋略和指挥才能。1991年8月退休。

施瓦茨科普夫

1988年11月，施瓦茨科普夫晋升为四星上将，任美国中央司令部总司令。在任期间，他对地区性冲突、中低强度作战、沙漠作战和特种部队作战进行了研究。施瓦茨科普夫一直关注着海湾局势，他组织了专门班子，对中东和海湾地区的情况跟踪研究，并多次组织部队进行沙漠和海外作战训练演习。

陪同时任总统老布什视察部队

1990年8月2日，海湾战争爆发，施瓦茨科普夫很快就制订出了遏制伊拉克进入沙特阿拉伯的"90-1002"作战计划。他认为，装备精良，拥有制海、制空及制电磁权的美军，可以首先通过空中、海上的强大火力摧毁伊拉克的防御体系。施瓦茨科普夫任美军海湾部队总司令、多国部队总司令后，仅用三个月时间即将包括海、陆、空在内，装备有现代高科技兵器的50余万大军有条不紊地部署在海湾地区。

在5个半月的紧张军事对峙和外交较量后，多国部队于1991年1

与鲍威尔将军交谈

月17日发起代号为"沙漠风暴"的作战行动，对伊拉克实施大规模空袭。这个时间完全出乎伊军的意料。

以美国为主的多国部队当时在海湾的总兵力已达70万，此外，美军装备包括有1200辆坦克、2000辆装甲车、1300架战斗机、1500架直升机，以及在海湾及其附近水域多艘航空母舰和其他舰只等。这是第二次世界大战后，美国在海外规模最大的海陆空军的集结。

面对美国人的进攻，伊拉克人也将它110万兵力中的54万兵力部署在伊拉克南部和科威特境内，并有坦克4000辆、装甲车2500辆、火炮2700门、飞机700架、舰只40多艘，以对付美军的进攻。

一开始，施瓦茨科普夫有意造成从其左翼直接进入科威特的声势，而指挥部队从右翼攻击，包围了在科威特的伊军。多国部队以极小的代价，歼灭伊军数十个师，将伊军赶出科威特，使美国获得了第二次世界大战后第一场大规模局部战争的胜利。

海湾战争中，多国部队参加作战行动的军兵种之多，武器装备现代化程度之高，组织协同之复杂，均创造了第二次世界大战以来之最。施瓦茨科普夫对如此错综复杂的军事行动，实施了成功的组织指挥，开创了高技术条件下指挥多国部队协同作战之先河。

海湾战争结束后，施瓦茨科普夫被美国人称为民族英雄。

第4章 经典战役 开创神奇

战役，作为按照统一的作战意图所进行的战斗和交战的总和，是由战术胜利达成战略目标的桥梁，是连接战术和战略的中间层次。随着科技水平及武器装备的大力发展，战争的特点也发生了巨大的变化，尤其在坦克成为主战武器之后，战争形态呈现出与以往更加不同的风格。

4.1 诺门罕之战：失败的关东军

战役背景

诺门罕地区是指白阿铁路末端阿尔山北约50千米，海拉尔南偏西约200千米的哈尔哈河以东，罕达盖—将军庙—阿木古朗之线以西地区，东西约30千米，南北约70千米。日本炮制伪"满洲国"后，便把哈拉哈河视为伪"满洲国"国界。

蒙古本来是中国的一部分，称外蒙古。而当时的外蒙古已在苏联的控制之下。1935年华北事变后，日本加紧侵略内蒙古。1936年2月1日，日本唆使德王成立"察哈尔盟公署"。3月12日，苏联不顾中国反对，同外蒙古签订《蒙苏互助协议书》，声称外蒙古一旦遭到武装进犯，苏联驻外蒙古红军可以随时提供援助，并加强了远东军备。1939年日军北上，企图进攻苏联，遭重创。

1939年5月，日本派兵占领了呼伦贝尔，并沿外蒙边界设置了边防哨所。为实现对苏作战的"北进"计划，在日军挑唆下，哈拉哈河沿

诺门罕地区位置示意图

岸的伪满洲国国境警察与蒙古人民共和国国境警备队之间纠纷不断，冲突频发。

区域争夺：冲突不断升级

1939年5月11日，外蒙古军边防骑兵到哈拉哈河东岸巡逻，在诺门罕地区哈拉哈河畔与伪满军发生武装冲突，被打回西岸。稍后，外蒙古军又越过哈拉哈河，并在东岸修筑工事。

1939年5月13日，日本驻防海拉尔的第二十三师团向诺门罕派出师团搜索队（骑兵中队、装甲汽车中队各一个）和1个步兵大队（缺2个中队）。5月15日，日军向诺门罕地区调集了180架飞机、90多辆坦克、13个步兵大队，共1.5万兵力。第二十三师团的骑兵联队加一个装甲车中队（指挥官东八百藏）在第十飞行队轰炸机配合下，向诺门罕地区的蒙军骑六师发动"闪电式"的袭击，蒙军再次退回哈拉哈河西岸。与此同时，苏联依据1936年签订的《苏蒙互助协议书》出兵蒙古。1939年5月28日，以强大空中火力和坦克支援发起反击，迅速夺回被日军占领的阵地。东八百藏部于次日被全歼。

调兵遣将：朱可夫来了

驻蒙古的苏联红军第五十七军在更换新装备后支援蒙军作战。1939年6月8日，熟知日军作战特点的朱可夫大将被委任为第五十七军军长。朱可夫战场调研后立即要求加强空军力量，并要求加强炮兵和航空兵。很快，21名参加过西班牙内战，经验丰富的空军飞行员和新型飞机（即当时十分先进的"伊-16"和"欧"型飞机）被调拨来。

1939年6月19日，关东军司令部收到第二十三师团的"捷报"。东京大本营也发来"参字547号电"：对取得的"胜利"表示祝贺，并默许可以扩大战果。随后，第二十三师团得到大量重型武器补充。1939年6月27日，日本空军（指挥官宝藏寺少将）成功空袭苏军远东的3个空军基地。

机场被袭后，苏联加速增援前线。

1939年6月29日，日军关东军司令部完成部署。7月1日，日军发起进攻。3日，蒙军第六骑兵师的顽强抵抗，为朱可夫赢得了几个小时的宝贵时间。朱可夫连发三道命令：命令炮兵第一八五团的重炮营派出侦察群并对日军集结地域发动炮击；命令位于河东岸用以支援摩托装甲第九旅的炮兵向巴英查岗山上的日军炮击；命令所属苏军飞机接到战斗警报后全部起飞。

日军坦克和步兵联队缺乏协同，始终没能突破苏蒙联军防线。3日夜，第一战车师团第四旅团在指挥官玉田大佐率领下，利用大雨成功夜袭苏军第三十六摩托化步兵师的炮兵阵地，击毁苏军122毫米榴弹炮18门，152毫米榴弹炮6门，玉田部只损失了一辆坦克（但第二中队指挥官藤喜久中佐阵亡）。此战成为偷袭战的典范，收入多国军校教材。

朱可夫和蒙军指挥官

1939年7月5日下午，苏联红军终于夺回了巴英查岗山头，日将小松原率队回撤和安冈中将会合。7日，日军第二十三师团第七十二旅团组成夜袭分队，成功占领对岸苏军阵地，但次日凌晨遭到苏军坦克和装甲车群反扑，没有装甲战车和重炮支援的日本步兵很快被赶了回去。之后，日军8、9、10日连续三夜夜袭，都被苏军击退。7月15日，苏军已经秘密着手组织反攻，把第五十七特别军改编为第一集团军，建立了三个集群：南部集群、北部集群和中央集群，朱可夫任集团军司令。

7月16日，日本大本营正式命令关东军撤兵。但关东军司令部还是决定孤注一掷搏一把,调集了直属重炮部队等部上去以期扭转局势。23日,基于火力以及坦克与苏军的差距,加上西岸苏军防御工事纵深达3千米,关东军司令部无奈地下达了"立即停止进攻西岸,占领东岸战线,构筑阵地,准备持久战"的命令。8月12日,日军在22架轰炸机及炮兵掩护下,一个加强有装甲车和坦克的步兵团攻占了东岸蒙古军防守的一块高地,并开始固守。

战死不降:日本人输了这场战争

1939年8月20日,朱可夫谋划已久的大反攻拉开了序幕。计划主要为步兵的中央集群牵制正面的日军,南、北装甲机械化集群两翼包抄围歼。经过3个小时的火力准备之后,8点45分,空中升起了红色信号弹,苏蒙军队在炮火掩护下,渡过哈拉哈河,开始全线总攻。在近一个半小时内,日军炮火无力进行还击,观察所、通信联系及炮兵阵地均被摧毁。但日军仍很有斗志,在混乱中顽抗,战死不降。21日、22日,战斗进行得十分激烈,在一些局部,苏联红军遇到了异常顽强的抵抗。为此,朱可夫开始动用战略预备队,命令摩托装甲第九旅投入战斗,并加强了炮火支援。26日傍晚,苏军坦克部队和摩托化部队完成了对日军整个第六军的合围,随后开始穿插分割。日军顽固抵抗,苏蒙军打得非常艰苦。

与此同时,关东军司令官植田决定增派第七师团给第六军,还计划将第二、第四师团也调往前线。之后又令第二十三师团死守待援。苏军投入了新型坦克和战斗机,取得战场制空权。仅24、25日两天,苏军飞机就出动了218架次,进行了十次空战,击毁日机74架,配合地面部队成功阻止了日军的增援,日军的数次突围也都被击退。至此,日军第二十三师团覆灭已定,日本人输了这场战争。30日,第六军司令萩洲立兵中将向第二十三师团小松原师团长下达了自行突围命令,31日,小松原带领残部突围而出。

第4章 经典战役 开创神奇

荻洲立兵　　　　　　　　　　　朱可夫

时局突变：双方顺势罢手

1939年8月30日，东京大本营中岛参谋次长来到沈阳，向关东军方面传达了"诺门罕方面作战不应扩大，立刻设法终结"和"关东军兵力不足，应该立足于长期坚守"的命令。实际上是要关东军认输放手，不过措辞相当委婉。然而关东军极力游说，认为应当"以四个师团全力攻击，然后再转入冬季防御"。中岛和随行人员被说服。但此时，德国已与苏联秘密签订了《苏德互不侵犯条约》。9月1日，在中岛回东京的当天，德军入侵波兰，欧洲战火爆发。9月3日，日军大本营彻底否定了关东军调动兵力重新发动攻势的计划，开始通过外交途径收拾局面。

1939年9月9日，日本驻苏大使东乡茂德同苏联外交当局谈判停战问题。苏联也由于忙于出兵波兰而不愿再打下去了。1939年9月16日，双方签订了《苏日停战协定》（即《诺门罕协定》）。主要内容是：日满军和苏蒙军于9月16日凌晨2时（莫斯科时间）停止一切军事行动；双方军队停止在9月15日下午1时的控制线上；双方同意交换战俘等。

失败原因——钢铁比武士道更硬

日本的工业基础，尤其是陆军相关工业，在当时还相当薄弱。坦克受制于财政匮乏的老问题，新增军费被激增的兵员和侵华战争军费吞了个干干净净。从设计能力到制造精度、钢材质量、弹头强度等，几乎全面落后于欧美。连反坦克炮，也只能达到每个月平均30门的产量。但在全面侵华战争前后，日军技术改进迅速，装甲力量得到很大提升，如日军装备的"89"式坦克，重11.8~13.6吨，装备1门57毫米火炮，装甲厚度10~17毫米，最大时速25千米。

日军"89"式坦克

机甲金刚之日军"89"式坦克

坦克出现后，日本陆军敏感地认识到了坦克的巨大价值，并马上引进了英国的"马克"IV型坦克。在对该型坦克进行了仔细的研究后，日本利用本国力量研制了"89"式中型坦克。尽管它并不先进，但其乙型却是世界上最早采用风冷式柴油机的坦克。

到20世纪30年代中期，日本陆军已经拥有了包括"89"式中型坦克在内的一批坦克和装甲车辆。这一时期，日本装甲车多数配备短管火炮和机枪，反坦克能力不强。但日军拼刺和夜战的能力，过硬的训练质量，成为日本将军们狂妄自信的主要资本，同时也成为形成新型坦克作战指挥的绊脚石。日本陆军赋予装甲车主要的任务是配合步兵，越过障碍，突破阵地。

诺门罕实战中，苏军基本也是"T-26"和"BT"系列的轻型坦克参与作战。

苏军"T-26"型坦克（"33"型），重9.4吨，装备1门45毫米火炮，时速28千米，装甲厚度6~

日军观察地形

苏军"T-26"坦克

机甲金刚之"T-26"轻型坦克

　　该型坦克一般被用来支援步兵，参加过1936年的西班牙内战和1939年在中蒙边境上苏日哈拉哈河战役及苏芬战争。它的主要缺点就是装甲防护较差，在苏日哈拉哈河战役和苏芬战争中面对反坦克枪炮损失较大，为苏联以后研制"BT-7"快速坦克和"T-34"坦克提供契机。

15毫米。诺门罕战斗中，"T-26"作为苏军打击的拳头，把日本的坦克打得哑口无言（但是由于装甲薄弱，也被日军步兵近战击毁了很多）。

　　但苏军的"BT-7"坦克，重13.8吨，1门45毫米炮，履带行进，时速53千米，车轮行进最高时速86千米，装甲6～13毫米（部分增强为22毫米），采用15毫米装甲炮塔。

　　因此，不管经过"猛练"的日本士兵枪炮打得多准，刺刀使用得多么纯熟，多么善于夜战，但在钢铁装甲和火力方面拥有绝对优势的苏联陆军面前，差距依然是不可逾越的。然而日本人对这种差距并没有准确的评估。

战役点评

　　诺门罕战役沉重打击了日军的嚣张气焰，也让日军看到了苏军强大的战斗力。对亚洲战场而言，诺门罕战争期间正值我国抗战的艰苦时期，关东军向关内增兵的计划无法实施，也有力地支援了我国的抗日战争。这也促使日本将"北进"的国策改为"南下"，为日本在"二战"中的最终失败埋下了前因。

苏军"BT-7"坦克

4.2 闪击波兰：幻影突击坦克战

战役背景

1939年9月1日德军发起的波兰战役，作战代号为"白色方案"。该战役被认为是第二次世界大战的开始，是世界战争史中著名的"闪电战"。

疯狂备战：希特勒为战争下了豪华赌注

为解除进攻西欧的后顾之忧，增加军事经济来源和建立进攻苏联的战略基地，希特勒决心进攻波兰。1939年3月21日，德国要求割让但泽地区遭到波兰拒绝。英、法结成的军事同盟于3月31日承诺保证波兰的安全。4月3日，德军统帅部颁发《关于武装力量一致准备战争的训令》。

德军随即隐蔽地展开了军队部署。在波美拉尼亚和东普鲁士集结了由21个师编成的北方集团军群。在德国西里西亚和捷克斯洛伐克境内集结了由33个师编成的南方集团军群。这两个集群分别由第一航空队（司令官是凯塞林将军）和第四航空队（司令官是勒尔将军）配合。德军投入44个师(其中含7个装甲师、4个轻装甲师、4个摩托化师)、1939架飞机、2800辆坦克，总兵力88.6万人。若将对付波兰的预备队考虑进去，则总共集中了62个师，160万人。

波兰急忙制订了代号为"西方计划"的对德作战计划。调动39个步兵师、11个骑兵旅、3个山地步兵旅、2个装甲摩托化旅、近80个民防营、220辆轻型坦克

正在集结的德军机械化纵队

波兰轻骑兵

和 650 辆超轻型坦克、4300 门火炮和迫击炮、407 架作战飞机，总兵力共约 100 万人。但在战役开始前，波兰武装力量的动员和部署尚未完成。

与此同时，德国为避免两线作战，8 月 23 日与苏联签订了《苏德互不侵犯条约》，并达成了共同瓜分波兰的秘密协议——波兰的统治者们在春秋大梦之中已经注定了败亡的命运。

战幕拉开：德国战车轰隆碾过

1939 年 8 月 31 日夜，经过一幕贼喊捉贼的开场戏后，希特勒狰狞地吼叫道："对波兰的侵略要以炸弹回敬炸弹。"9 月 1 日凌晨 4 时 45 分，从德国本土起飞的轰炸机群呼啸着向波兰境内飞去，攻击波兰的部队、军火库、机场、铁路、公路和桥梁。一小时的火力急袭后，德军趁势以装甲部队和摩托化部队为先导，快速撕破了波军防线。当天上午 10 时，希特勒向国会宣布："帝国军队已攻入波兰，德国进入战争状态。"他还宣称：

德军推开了两国边界路障

"从现在起，我只是德意志帝国的一名军人，我又穿上这身对我来说最为神圣、最为宝贵的军服。在最后的胜利到来之前，我决不脱下这身军服，要不就以身殉国。"

正在向纵深开进的
德军机械化纵队

闪电式进攻使得波兰军队完全陷入被动挨打的局面。9月3日上午9时，英国向德国发出最后通牒，要求德国在上午11时之前，提供停战的保证，否则英国将向德国宣战。正午时，法国也向德国发出类似的最后通牒，期限为下午5时。德国对英法两国的最后通牒均置之不理。于是，英法两国相继对德宣战，第二次世界大战全面爆发。

快速突击：撕裂波兰的装甲怪兽

由于德军战前准备异常充分，所以德波之战的结局对于胜券在握的德国法西斯来说，几乎没有任何悬念。由古德里安首创的现代化装甲部队大显淫威，在波兰平原上横冲直撞。这是人类战争史上空前规模的机械化部队大进军。

在这场大进军中，德国空军对波兰的行政中心、交通枢纽、部队营房、军事指挥中心、空军机场进行了摧毁性的轰炸，完全夺得波兰上空的制空权。德国装甲兵创始人古德里安成功地实践了他的装甲兵作战以及闪电攻击理论，率领第十九装甲军取得了完全的胜利。

9月1日，由古德里安将军指挥的德军迅速击垮了波军在边境地区的抵抗，当晚渡过布拉希河，向着波兰走廊方向进击，以实现大纵深的迂回包围，歼灭大量敌军。然后向东挺进，前进到距华沙仅48千米，随即向南突击，连续攻击达640千米，创下了坦克攻击行动的最长纪录。9月3日，德军推进至维斯托拉河一线，随即完成了对波兰走廊地区波军波莫瑞集团军的合围。9月5日，北方集团军群中的克卢格第四军团协同屈希勒尔的第三军团，切断了波兰走廊，波军的波莫瑞集团军完全被包围。隶属第四军团的古德里安第十九装甲军再次成为主攻的矛头，他指挥他的装甲军渡过布拉希河、维斯托拉河，在歼灭了波军波莫瑞集团军后，强渡那雷夫河，沿布格河东岸推进，向波兰首都华沙后方攻击前进。

绝对优势：坦克成为真正的利刃尖刀

南方集团军群也在宽大的正面战场上作深远突破。所属第十军团的霍斯第十五摩托化军和霍普纳第十六装甲军，在波兰罗兹集团军和克拉科夫集团军的接合部实施快速突破，迅速将其击溃，深入追击。9月8日傍晚，该军第四装甲师以惊人的速度抵达华沙郊外。接着，机械化装甲部队又抢在溃退的波军前面抵达维斯托拉河，然后向北沿该河建立一道封锁线，进行反正面作战。

主要作战力量的德军"1"号坦克

9月18日，第十九装甲军歼灭了波军溃败之师。此刻，波兰会战达到了高潮，德军进攻已发展成内外两大钳形的包围圈。

西线，英法两国在打一场宣而不战的奇怪战争，纵容了德军。

悠闲"坐岗"的联军士兵

9月25日，德军开始向华沙外围的要塞、据点及重要补给中心进行炮击。随后，德第八集团军开始向华沙发起攻击。26日，德国空军开始轰炸华沙。27日，华沙守军停止抵抗。28日，华沙守军12万人投降，守军司令向德第八集团军司令布拉斯科维兹上将正式签署了投降书。29日，莫德林要塞投降。至10月2日，进行抵抗

波兰军官签写投降书

的最后一个城市格丁尼亚停止抵抗。

全线崩溃：波兰成为鱼肉

波兰的失败原因是多方面的。波兰统帅部作战指导思想落后，错误地认为战争仍同"一战"一样，先从前哨阵地打起，然后缓慢展开。因此，其兵力被部署在了漫长的边境线上，过于分散。波兰的将领们一向深信自己的军队能够有效地执行反攻任务，尤其是骑兵。这些想法使得机械化的德军毫无困难就可以找到奇兵突进的方法。而波兰军队的反击也大都很容易就被击破，因为深

入的德军已经威胁他们的后方。从战后各国军事家的分析来看，波兰如果做好充足的防御准备，则德军闪击战即使奏效也要付出相当的代价。

作战中，波军显然还不了解坦克的性能。仅从坦克运用的角度上看，德军集中使用装甲部队突出了一个"快"字，获得了令人羡慕的胜利。波兰骑兵用马刀和长矛向德军的坦克发起猛攻，结局就是被德军毫不留情地用坦克炮和机枪扫射，用厚重的履带碾压。

上两图中，波兰骑兵用马刀和长矛冲击而导致死伤惨重

富勒认为，"这次战局并不是取决于数量上的优势，而是取决于空间和坦克部队共同行动的快速性"。而丘吉尔认为波兰没有足够的现代化的装备。

古德里安则这样描述道："到9月3日，我们对敌人已经形成了合围之势——当前的敌军都被包围在希维兹以北和格劳顿兹以西的森林地区里面。波兰的骑兵，因为不懂得坦克的性能，结果遭到了极大损失。有一个波兰炮兵团正向维斯托拉方向行动，途中为我们的坦克所追上，全部被歼灭，只有两门炮有过发射的机会。波兰的步兵也死伤惨重。他们一部分工兵部队在撤退中被俘，其余全被歼灭。"

至9月4日，波军波莫瑞集团军的3个步兵师和1个骑兵旅全部被歼灭，而古德里安指挥的4个师一共只阵亡150人，伤700人。

希特勒来到第十九装甲军视察，古德里安在向希特勒谈论这次作战的主要经验时说："波兰人的勇敢和坚强是不可低估的，甚至是令人吃惊的。但在这次战役中我们的损失之所以会这样小，完全是因为我们的坦克发挥了极大威力的缘故。"古德里安对于坦克集群的结论，给希特勒留下了深刻的印象。

波兰战役仅用了约一个月的时间就结束了。在这场短暂的战役中，德军充分利用了装甲集群突击的优势，快速对波兰军队分割合围，从而在战争开始便取得了主动权。而作为主要的指挥者和现代装甲作战理论奠基人的古德里安，也因为在波兰战役中不同寻常的表现而一战成名。

战役点评

因使用了快速重兵集团——坦克军、坦克师和摩托化师，与航空兵密切协同作战，德军首次成功地实施"闪击战"，创造了以快速重兵集团在防御纵深对敌人实施迂回和合围的机动条件。

这一战法，使空地协同第一次以强大的突击力量的形式出现在战场上，为后来的一系列军事变革提供了教科书式的范例。

4.3 法兰西战役：铁血装甲劈开阿登森林

战役背景

1939年9月，德国征服波兰后，德军主力西调，准备对法作战。英法拒绝希特勒提出的和平建议，于是希特勒便决心用武力来迫使英法求和。作战目的是：在法兰西战役中击败西欧的盟军，占领荷兰和比利时，使法国退出战争并强迫英国签订有利于德国的和约。

1940年5月10日，德军开始进攻比利时和荷兰，很快，荷军投降。在空军支援下德军集团军群强渡马斯河，并开始从迪南和色当地区向索姆河口方向扩大战果。14日，德军占领色当、迪南并突破法第九、第二集团军防御，向英吉利海峡推进。由于希特勒等人对敦刻尔克地形及保存装甲部队实力等的考虑，使英法联军得以从敦刻尔克撤退。1940年5月28日，比利时投降。德军坦克兵团迅速向法国腹地推进，领导新政府的贝当元帅请求德国武装力量统帅部停战。1940年6月22日，法国政府宣布停止抵抗，签订了《贡比涅停战协定》。

原计划被否：曼施坦因的战略设想得以实现

早先，德国陆军参谋总部在希特勒的一再催促下，制订出了一个代号为"黄色方案"的西线作战计划。此计划与第一次世界大战中德军进攻法国的"施里芬计划"相类似，即把德军主力放在右翼，通过比利时去进攻法国。但是A集团军群参谋长曼施坦因提出了他的战略构想：德军进攻的主要矛头应放在中央，而不是在右翼；以强大的装甲部队对具有战略决定性的突破口——阿登森林地带，实施主要突击。这是攻其不备、出奇制胜攻入法国的一条捷径，可切断南北盟军之间的联系，分割合围英法联军，迅速灭亡法国。

1940年1月10日，"黄色方案"计划一部分因故落入英法手中。曼施坦因再次向陆军总部提出他的设想，未果。但曼施坦因将他的见解直接向希特勒做了陈述。希特勒对曼施坦因的想法完全同意。第二天，希特勒便召见陆军总司令勃劳希契和总参谋长哈尔德，命令他们以曼施坦因的建议为基础，立即制订出一个新的作战计划来。在希特勒的压力下，两位陆军首脑屈服了。于是，原先的计划完全作废。

1940年2月22日，希特勒批准了与曼施坦因设想大致相同的新作战计划。德军参谋部将这一计划取代号为"挥镰行动"。据当时任第十九装甲军军长的古德里安说，除了希特勒、曼施坦因和他本人以外，几乎再没有任何人对这个计划是具有信心的。

挥镰行动：击破"D"号作战计划

荷兰、比利时、卢森堡、法国和英国远征军共有135个师，在兵力上与德军相当。然而，英法长期推行绥靖政策，备战不力。联军最高统帅部制订的代号为"D"的作战计划保守失算，该计划重点是防御德军向比利时实施主要突击，把比利时作为双方厮杀的主战场。

根据"D"计划，联军把主力部署在法比边界北端和法国北部各省，如果德军向比利时实施主要突击，则五国联军协同作战挡住德军进攻；其他部队的大部分部署在南部的马其诺防线上，如德军向马其诺防线实施正面进攻，则依托坚固的工事进行抵御；而在中段则自恃有阿登山区天险和马斯河，只留了战斗力较弱的部队驻守。

为实施"挥镰行动"，德军统帅部进行了周密的部署，投入西线作战的总兵力为136个师。兵力配置上分为A、B、C三个集团军群：中路的A集团军群由伦斯德上将指挥，担任中间突破阿登山区直冲英吉利海峡的任务；右翼的B集团军群由博克上将指挥，担任助攻任务，目的是进攻荷兰、比利时和卢森堡，以吸引英法联军的主力；左翼的C集团军群由勒布上将指挥，其任务是佯攻马其诺防线，以牵制法军，使其不能北上增援；另外的27个师作战略预备队。

势不可挡：战略预备队在哪里

1940年5月10日，天刚破晓，成群的德军"施图卡"轰炸机突然对法国、荷兰、比利时和卢森堡的机场和铁路枢纽、重兵集结地区和城市进行猛烈的轰炸。5时30分，在北海到马其诺防线之间的300多千米的战线上，德军地面部队向荷兰、比利时和卢森堡发起了大规模进攻，揭开了入

第4章 经典战役 开创神奇

侵法国的序幕。

担任助攻和吸引英法主力的德军B集团军群，首先以空降部队对荷兰和比利时境内的重要桥梁及要塞设施实施了袭击，并且进展颇为顺利——致使集结在法国北部的英法主力立即越过法比边境火速增援，正好掉入希特勒的陷阱。

实施空降作战的德军空降部队

德军B集团军群吸引英法主力时，勒布的C集团军群也摆开架势。他们对马其诺防线进行的佯攻表演得非常成功，使得法国从南部撤回部队时犹豫不决。

5月10日凌晨，德军担任中路主攻的伦斯德A集团军群向卢森堡和比利时的阿登山区实施主要突击。卢森堡当天不战而降。打头阵的装甲兵团包括古德里安的第十九装甲军，其战斗力最强，作为主力和先锋部队编有3个装甲师。用了两天时间便穿越阿登山脉110千米长的峡谷深入法境。5月12日下午，古德里安的3个装甲师已经到达马斯河北岸，并攻下了法国著名要塞城市——色当。当天夜里，他们便又开始了紧张的渡河准备。

狐狸出山：第七装甲师强渡马斯河

强渡马斯河是法国战役的关键。古德里安把他的3个装甲师全部投入进去了。5月13日，在近400架轰炸机长达5个小时的狂轰滥炸后，德军强渡马斯河。午夜，古德里安的部队全部渡过了马斯河。同一天，霍特的第十五装甲军属下的隆美尔第七装甲师也在其西面64千米远的南特附近渡过了马斯河。

马斯河防线一失，通往巴黎和英吉利海峡的道路敞开了，在比利时境内作战的英法部队面临被包抄的危险，陈兵马其诺防线的法国大军也将腹背受敌，英法这才感到形势严峻。英法空军这才迅速联手实施反击。

14日下午，马斯河上空爆发了开战以来最激烈的空战，双方投入的飞机各有500余架。大混战持续到夜幕降临，损失惨重的英法飞机悻悻败走，德军渡河浮桥大都完好无损。

此战，德军击落英法飞机数百架，其中仅德第二高炮团就包办了112架。这一天被德国人称为"战斗机日"。在这以后，英法空军只敢在夜间升空活动，战区制空权被德国人牢牢控制住了。

德军装甲集群长驱直入，其威力与速度是战争史上闻所未闻的。法国陷入惊慌失措之中。5月15日清晨，法国总理雷诺沮丧地给5天前才接替张伯伦担任英国首相的丘吉尔打电话说："这一仗我们恐怕要打输了。"

丘吉尔惊得目瞪口呆："我简直不明白，运用大量快速装甲部队进行袭击会引起这样剧烈的变革。"为进一步探明战局真相和给已经感到绝望的法国领导人打气，5月16日，丘吉尔从伦敦急飞巴黎。

丘吉尔问英法联军总司令甘末林："战略预备队在哪里？"甘末林说："没有战略预备队。"丘吉尔听后"简直傻了眼"。据丘吉尔回忆，差不多他一见到法总理雷诺和英法联军总司令甘末林，他就立即意识到：局势比他能想到的还要糟得多——他们每个人脸上都是灰溜溜的。

胜利在望：目标敦刻尔克

古德里安的第十九装甲军的推进速度不但令联军措手不及，而且也令德军统帅部不安，克莱斯特曾两度下令古德里安暂停前进，但他不惜以辞职抗争。禁令解除后，他的速度比以前还快，以至于在路上遇到一股股溃散的法军士兵，都不愿耽搁时间下车去俘虏，仅用扩音器喊："我们没有时间俘虏你们，你们要放下武器，离开道路，免得挡路。"5月16日，古德里安督促手下的3个装甲师转向西进，目标是直抵英吉利海峡东岸的敦

第4章 经典战役 开创神奇

刻尔克地区。5月20日，古德里安扫过亚眠，在阿贝维尔附近抵达英吉利海峡。这时的德军统帅部根本没料到，战斗会进行得如此顺利。等到次日，他们才下令：由阿贝维尔向北推进，以占领海峡诸港为目标。

匪夷所思：让戈林元帅的空军去解决

古德里安一接到命令，便立即决定：第十坦克师向敦刻尔克前进；第一坦克师向加来前进；第二坦克师向布洛涅前进。古德里安深知，他所在的A集团军群构成的从色当到法国西海岸的进攻线，已经切断了法军从北部南逃的退路。而北面博克的B集团军群已攻占了荷兰及比利时东部，70万余英法联军主力的左翼实际上已处在德军的包围之中。古德里安等人踌躇满志，决心率领他们的装甲部队再打一个围歼战，将英法军队的数十万人马彻底消灭在滨海地区。

然而就在这时，第十九装甲军和第四十一装甲军同时接到装甲兵团司令克莱斯特发来的命令。古德里安接到的命令是要他们停止前进，并称"敦刻尔克之敌将全部留给戈林元帅的空军去解决"。就这样，古德里安眼睁睁地看着英法比联军从敦刻尔克上船逃走。从5月26日到6月4日，联军实施从海上撤退的"发电机计划"，从敦刻尔克先后撤出32.4万人。

对于希特勒这一让人费解的命令，至今仍然众说纷纭，成了一个难解之谜。希特勒在此犯了一个致命的错误，它影响到日后对英国的入侵，并且使英国人以后在非洲和意大利能继续作战。

魏刚防线：挡不住魔鬼之师

德军在比利时和法国北部实施的毁灭性突击，使比利时全军覆没，法军30个师，英军9个师也不复存在。法军新任司令魏刚拼凑了49个师加上英国的2个师，编成了3个集团军（第六、第七、第十集团军）在索姆河和埃纳河一线构筑了东西大约480多千米的"魏刚防线"，以17个师守马其诺防线。两条防线连在一起，企图阻止德军南下。

德军在占领荷兰、比利时、卢森堡和法国北部后，德军统帅部制订了代号为"红色方案"的法兰西战役第二阶段作战计划。这一方案要求德军挥师南下，彻底击败法国。此时德军兵力达137个师之多，其A、B两个集团军群迅速改组完毕。博克的B集团军群（辖6个装甲师）为右翼，向索姆河正面实施突破；伦斯德的A集团军群（辖4个装甲师）为左翼，向埃纳河作正面突击。

6月3日，德国空军向法国机场和后方实施了猛烈轰击。6月5日拂晓，博克的B集团军群率先在右翼发起全线进攻，当天，隆美尔的第七装甲师抢先渡过索姆河。6月7日，隆美尔师将防守阿布维尔—亚眠一线的法国第十集团军拦腰斩断，其他德军各师得以从这个缺口向前涌入。6月8日，隆美尔师进抵塞纳河畔。6月10日，隆美尔又转身向北，一口气突击了80千米远，以海岸线为目标，当晚就到达目的地，切断了正向海岸撤退的法军第九军和英军第五十一师的退路。6月12日，这些部队被迫向隆美尔投降。

泪别巴黎：法国政府停止抵抗

在B集团军群发起进攻后，左翼的伦斯德A集团军群也于6月9日在埃纳河发起渡河攻势，当晚，古德里安装甲兵团的第一装甲师强渡埃纳河，6月10日，古德里安兵团击败法军装甲部队，突破了法第六集团军的右翼，此后，古德里安挥军南下，

德国军队穿过法国巴黎的凯旋门

第4章 经典战役 开创神奇

一路长驱直入，似入无人之境。成群结队的法军俘虏丧魂落魄地把枪支扔给德军，放在坦克下面被压毁。

6月10日，法国政府撤出巴黎，迁往图尔。同日，意大利趁火打劫，向法国宣战。13日，巴黎被宣布为不设防城市。14日，法国政府再次迁往波尔多时，德军不费一枪一弹占领了巴黎。就在德军占领巴黎的当天，德军A集团军群在左翼已进至马其诺防线的侧背，因为这条无用的防线上，毕竟还存在着数十万没有投降和被消灭的法国军队。希特勒要求伦斯德与C集团军群合作，彻底消灭那里的法国部队。

根据希特勒下达的15号作战指令，一直在马其诺防线当面执行吸引法军注意力任务的C集团军群，立即选择马其诺防线守军的薄弱处，即阿尔萨斯和洛林两筑垒地域的接合部发起进攻。A、C两集团军群前后夹击，马其诺防线很快被突破。6月17日，C集团军进至马恩—莱茵运河上，A集团军群占领了凡尔登，法军50万人被包围在阿尔萨斯和洛林南部，除少数逃往瑞士外其余全部被歼。

6月17日，古德里安装甲兵团进抵瑞士边境城镇潘塔里尔，切断了马其诺防线内法军逃往瑞士的退路。自强渡埃纳河以来，古德里安装甲兵团在10天中长驱400多千米，俘虏法军25万之多，创造了战争史上的奇观。18日，法国政府宣布停止抵抗。

魏刚后来心情沉重地写道，使他"最感触目惊心的，就是德军的坦克和飞机，已使法军士兵产生了恐惧的心理现象。这要算是德军的一个最大的成功"。

至此，希特勒灭亡法国的"挥镰行动"胜利结束了。就这样，从5月10日至6月17日，号称欧洲军事强国的法国，在5周时间内被打败了。6月22日，为羞辱法国，报第一次世界大战中德国战败的一箭之仇，希特勒在贡比涅森林的火车车厢里，坐在1918年法德签署停战协定时法方代表福煦元帅坐过的那把椅子上，接受了法国的投降。

战役点评

曼施坦因的构想经过古德里安和隆美尔等人的执行后，最终演变成了世界军事史上的杰作。德军装甲兵在临战前进行了充分的准备，古德里安的第十九装甲军各级指挥员连续做了几个月的图上作业。发起进攻的前几天，实行了实兵模拟进攻等更多预演。新式的"施图卡"俯冲轰炸机与坦克进行了多次协同演练。

德国在此战中取得的胜利表明，法英两国虽然拥有雄厚的军事和经济实力，但英法同盟由于内部矛盾重重，在政治和军事方面的合作是不稳固的。法国战局暴露了过高估计其防御能力的盟国，在战略和军队建设方面的严重失策。盟国在确定德军主要突击方向时犯了错误，并在复杂的战役战略情况下无力有效指挥军队。法国失败主义泛滥，军事思想落后，对装甲部队快速突击认识不足。德军统帅部周密的准备、正确地选择主要突击方向、进攻的突然性、大量使用坦克和航空兵，这些在很大程度上保障了德军的胜利。法兰西战役也表明了坦克和摩托化军以及坦克和摩托化集群在进攻中起到的巨大作用。

4.4 阿拉斯战役：隆美尔展现自己能力之战

战役背景

1940年5月21日的阿拉斯战役，是第二次世界大战法国战役的一部分。在"沙漠之狐"隆美尔扬名北非之前，埃尔温·隆美尔的传奇故事就已开始。穿越阿登山林是他战斗生涯中的亮点之一，随后的这场战役他也有出色的表现。阿拉斯战役是盟军在法国西北的小镇阿拉斯附近，向德军的侧翼展开的反击战役。此次反击中，盟军试图将德军的先锋部队切断，并阻止德军后续部队的推进。虽然盟军最初取得了成果，但他们最后仍然被德军击退，被迫撤退以避免被包围。

内线作战：英国人酝酿着反击

"闪击战"时代的到来，使德军没有和英法军队展开传统的拉锯战。即便是德军防线局部被突破，他们也可以不顾侧翼和后方暴露的危险，而让自己的装甲部队一直全速向前，把消灭残余抵抗的任务交给步兵师去解决。这种战术不仅直接摧毁了英法军队的指挥防御系统，而且还从精神上给予英法联军沉重的打击。英法士兵还在挖掘战壕时，隆美尔的第七装甲师已经轰隆隆地碾过。

虽然先手已经失去，但也不代表盟军就是待宰的羔羊。盟军毕竟处于内线作战，拥有自己的优势，一些隐藏实力还没拿出来，因此英国人酝酿着反击。于是，英国远征军的总司令罗德·高特下令展开反击，企图拖延德军的攻势以避免英军被包围。这次反击事关重大，在西欧各国普遍恐德的时候，必须要打败一支精锐德军，捅破德军不可战胜的神话，否则这场仗打不下去。英法于是定下目标——处于突出部且失去侧翼保护的德军第七装甲师；地点——阿拉斯。

此次反击的指挥官是哈洛德·法兰克林少将。他辖下的军队（法兰克军）包含两个师，外加74台坦克。当时危急的情势已经蔓延到南方：德军的前锋已经撕开了普隆至康布雷的一道缺口，而且还威胁到布洛涅及加来。这将会切断与英国远征军的联系，并将他们和法军主力分开。魏刚将军的计划是运用法兰克军的进攻来封闭这个缺口，同时在上述的两个师进攻阿拉斯镇时，利用英军第五步兵师维持住从史卡普到阿拉斯东边的战线。

勇敢战斗：无法阻止"玛蒂尔达"坦克

5月21日下午，第五十师和第一坦克加强旅开始向阿拉斯南方进攻。

英国人这次的反击做得真
是出色，事到临头德军还
是懵然不知。这是英国远
征军在法兰西战役期间唯
一的大规模进攻。这次袭
击原本是由两个步兵师，
约15000人组成，但最终

"玛蒂尔达"坦克

执行任务的却只有两个步兵营——第六及第八达
勒姆轻步兵营以及支援的第四和第七皇家坦克
团，总共约2000人，并由74台坦克作为加强旅。
为了达成袭击的任务，步兵营被分成两团。右翼
这团在一开始取得迅速的进展，掳获了一些德军
战俘，但他们很快就遇到有着空中支援的德国步
兵和武装亲卫队，损失惨重。

　　英军动用了一直隐藏的"马蒂尔达"坦克。
这种坦克的装甲特别是前装甲奇厚，德军的制式
37毫米反坦克炮发出的穿甲弹对"马蒂尔达"坦
克没有任何作用。甚至有的士兵在距离"马蒂尔
达"5米的地方冒着自己受伤的危险开炮，依然无
法击穿"马蒂尔达"的装甲。

　　埃尔温·隆美尔少将（在英军发起反击时是
第七装甲师的指挥官）发现，2号坦克和3号坦克
的炮火，无法射穿"玛蒂尔达"坦克的装甲，此
时，士兵的英勇已经没有什么意义，他们能做的
仅仅是看着"马蒂尔达"坦克冲进德军阵地肆虐

机甲金刚之"玛蒂尔达"坦克
　　英国对步兵坦克的要求是：
装甲防护强；行驶速度不要很
高，以便步兵能跟得上；不要求
有很强的攻击力。1938年，第
一批"玛蒂尔达"步兵坦克只能
算是轻型坦克一列。唯一感到欣
慰的是，德军的反坦克炮轻易不
能击穿它的正面装甲，一部分
"玛蒂尔达"1型坦克从敦刻尔
克撤回英国本土，改当教练车
用。"玛蒂尔达"1型坦克的战
斗全重为11吨，乘员2人，车
长4.85米，车宽2.29米，车
高1.87米。无论从尺寸和战斗
全重、还是从乘员人数来看，都
只能算是轻型坦克。

　　在阿拉斯战役中，德军负责
防守的部队——武装亲卫队摩托
化军团"骷髅队"（不久即扩充
成骷髅总队）被实力超出预期的
英军所败，他们配备的37毫米
PAK36/37式反坦克炮在遇到英
国的"玛蒂尔达"重装甲坦克
时，被证明根本无效。

德军。就连隆美尔的副官莫斯特中尉，也在劫难逃，在距离隆美尔仅1米的地方被英军击毙。第一次交锋，德军失败。

意想不到：一种有效的反坦克武器

对于隆美尔的装甲师来说，幸运的是"马蒂尔达"坦克战场威胁有限。"马蒂尔达"坦克由于设计思想的限制，其主要武器仅为1挺7.7毫米机枪，火力太弱。后来虽然换装了12.7毫米机枪，但由于原来的炮塔太小，乘员操纵射击都费劲。唯一值得自豪的是，它的装甲较厚，车体正面装甲厚度达60毫米，炮塔的四周均为65毫米厚的钢装甲，这对于"二战"前的轻型坦克来说是相当出众的了。英军当时认为，纳粹所有型号的反坦克炮，绝对无法洞穿神圣大英帝国"马蒂尔达"坦克的装甲。但是"马蒂尔达"坦克动力装置为福特8缸汽油机，最大功率仅为70马力（51.5千瓦），最大速度仅为12.8千米/时，使其前进速度与步兵徒步前进的速度差不多，比牛车快不了多少。这也和英军把坦克仅作为步兵的支援武器而非像德军那样将坦克组成单独的突击集群的军事思想有关。

自开战以来，隆美尔还没吃过这样大的亏。所向披靡的第七装甲师该如何撕烂那该死的"马蒂尔达"坦克的装甲。德国的确没有任何型号的反坦克炮能够摧毁"马蒂尔达"坦克，此时德军

在20世纪30年代至40年代末期，英国军方将坦克划分为：步兵坦克、巡洋坦克和轻型坦克。1934年，英国军方决定开始研制步兵坦克，负责监工的便是"二战"时赫赫有名的帕西·S·赫巴特将军。同年，英军组建第一装甲旅，赫巴特时任准将旅长。就是这个赫巴特将军，在诺曼底登陆战役中，担任第七十九装甲师的师长，战功显赫。第七十九装甲师也被盟军官兵谑称为"赫巴特将军的马戏团"。

还没有研制出重型坦克，相应的37毫米反坦克炮也都是针对轻型和中型坦克的。在情急之下，隆美尔调来了师中的88毫米高射炮和105毫米野战炮，投入防线当中作为反坦克炮使用，最后关头时还在阵地周围设置了不少炸药以阻止"玛蒂尔达"坦克。

师属所有火炮向前，集中火力打击"马蒂尔达"坦克。德国士兵对上级命令刻板的服从起到了决定性作用。他们忠实地执行了隆美尔的决定，把每一门能够称之为炮的东西都拖到了阵地前沿，誓要将反坦克战进行到底，以维护日耳曼军人的荣誉。

于是"马蒂尔达"坦克被用来打飞机的88毫米口径高射炮摧毁了。用打飞机的高射炮居然能摧毁坦克，这听起来十分好笑，但事实就是如此。

当88毫米高射炮摧毁"马蒂尔达"坦克的一瞬间，这场被英国人寄予厚望的阿拉斯反击战，就已经注定要迅速失败了。

英国远征军

射击中的88毫米口径高射炮

在遭受极大的损失后被迫停止推进。之后隆美尔在德国空军的支援下，发动了一场成功的反击，将英军逐退。法兰克军至此已经被完全击退。

隆美尔有理由高兴，这是意外收获。尽管早在几年前的西班牙内战，德国志愿军秃鹰军团就已使用过88毫米高射炮来对抗装甲部队及其他地面目标。作为坦克战专家，隆美尔第一次印证了这种火炮的技术性能，体会到88毫米高射炮的防守威力，在后来的北非战场，他指挥非洲军将88毫米高射炮的威力发挥到了极致。

战役点评

阿拉斯战役，英军先赢后输，军队士气不但没有提升，反而更证明了德军之不可战胜。接下来盟军在西欧战场再无作为，除了投降就是崩溃。隆美尔的经验迅速地在各军中推广，88毫米高射炮的威力被极大地强化。后来的苏德战争，苏联重型坦克也只有88毫米高射炮才对付得了。它还被安装在多款战车上成为主炮，著名的"老虎"坦克就是其一，数万辆盟军坦克后来都将成为它的盘中餐。

阿拉斯战役使得德军中资历最老的军事指挥官之一——龙德施泰特在1940年5月24日下令停止攻击，此时德军已经推进到阿河。这足以让法军向西至敦刻尔克建立防线，进而让英法联军能够渡过英吉利海峡逃走。

4.5 梦碎北非：阿拉曼坦克战

战役背景

阿拉曼位于埃及北部，是第二次世界大战北非地区的主战场。阿拉曼坦克战是第二次世界大战中，英军与德意联军为争夺北非战略主动权而进行的一场大规模坦克交战。这次战役是英军在北非对德意军队的进攻战役。由于德军在苏德战场的不利态势，不断缩减着对北非作战军队的补给，使英军在北非战区得以转入攻势。1942年10月23日，英国第八集团军在蒙哥马利指挥下对隆美尔统率的德意联军"非洲军团"发起攻击，至

11月初，英国军队在此给德意法西斯军队以沉重打击，德意联军被迫退到突尼斯边境。虽然没有全歼"非洲军团"，但大大削弱了其实力。两军激战十二天，以英军胜利告终。这次战役的胜利，扭转了英军在北非战场的被动形势，也成为"二战"重要的转折点。

北非战火：狡诈的狐狸来了

1940年7月，意大利乘英法在西欧失败之机，从埃塞俄比亚进犯东非英军。1940年8月，意大利法西斯军队进攻英属索马里（今索马里北部），遭英军反击溃败，局势危急。1941年1月，英军对意军发动进攻，收复了东非的失地，并在北非重创意军，俘敌13万。

出发前的隆美尔

勘察地形的隆美尔

为控制中东地区，希特勒于1941年2月12日下令建立德意志"非洲军团"，最高统帅部决定由隆美尔率"非洲军团"进入利比亚以支援意大利军，抵抗盟军名为"罗盘行动"的反击。

进入非洲的德军最初只有第二十一装甲师的前身——第五轻装师，以及少量的第十五装甲师部队。后来存在时间较长的编制为：第

　第4章 经典战役 开创神奇

十五装甲师和第二十一装甲师编为"非洲军"，第九十轻装师和"非洲军"以及意大利部队一起编为德国非洲军团。

后来陆续的增援部队有：阿拉曼战役前夕由参加过克里米亚战役、为曼斯坦因第十一集团军最强大部队的第二十二步兵师改编成的，曾入侵克里特岛的伞兵部队；阿拉曼战役时的第一六四步兵师；突尼斯战役时的第五装甲集团军（包括第十装甲师、党卫军部队）以及意大利部队。

不能再退：不能让德国人到达苏伊士运河

1942年5月27日，隆美尔在非洲率领纳粹非洲军团重新展开攻势，为阿拉曼战役开始埋下伏笔。由于油料弹药充足，非洲军的坦克投入了长达一周的战斗。6月21日，隆美尔只用了一天的工夫，便攻下了英军曾固守了9个月的托布鲁克，23000名英国和澳大利亚守军成为俘虏，这里屯集的大批作战物资补充给非洲军。结果，非洲军再向东推进时，用英国卡车运兵，用美国坦克开道。

由于非洲军动作急速，又一直保持着强劲的势头，在连续不断的打击中，英国的沙漠部队再度逃回距埃及边境不远的地方。英军大踏步后退，撤退的车辆把公路挤得水泄不通。他们倒不是溃逃，而是退到一个适当地点组织对苏伊士运河的防御，打阵地战。

盛夏时节，丘吉尔来到埃及。他只反复叮嘱一句话：千万不能让德国人到达苏伊士运河。

6月底，非洲军挺进到距亚历山大港和尼罗河三角洲仅90千米的地方——阿拉曼。非洲军如果再冲过阿拉曼防线，亚历山大港失守只是顷刻间的事。而从亚历山大港再往东，则是苏伊士运河出口处的塞得港，那时墨索里尼策划的卡断英国补给线的"阿伊达计划"就实现了，英军真的不能再后撤了。

1942年7月，德意联军自利比亚突入埃及，进抵距开罗只有350千米的阿拉曼地区，受补给所困被迫转入战略防御。这也暗合中国古代兵法：强弩之末，其势不能入鲁缟。双方在阿拉曼防线顶死了，真正吃紧的时刻来到了。

恐怖狐狸：在人员和装备上不再强势

其实1942年以后，战场力量对比发生了有利于英军的变化。主要是由于德军的主要陆、空力量深陷苏德战场，希特勒无力抽调更多军队增援北非战场，使得盟军控制了地中海的制空、制海权。切断非洲军团油料、弹药供应，致使驻北非德军兵力及装备补给严重不足。连续作战更使得德军与意军的士兵都变得很疲惫，并且只能靠缴获的盟军给养来维持生活。

"M4谢尔曼"坦克

驻北非英联邦军队从英国、印度和澳大利亚得到了大批人员和装备，并从美国获得了一些坦克和卡车，而隆美尔的部队没有得到任何支援。他一直在向国内请求支援，但是当时苏联的顽强抵抗使德国战争机器的注意力都集中在了东线战场，只有很少量的支援到达了北非。当时隆美尔非洲兵团装备的坦克主要为3号坦克以及少量4号长身管型。3号坦克是非洲军团数量最多的型号，与北非英军装备的美制"谢尔曼"坦克相比，其只能在

机甲金刚之"M4谢尔曼"坦克
1940年8月19日，美国开始了新型坦克的研制工作。根据"M3格兰特"的不足，军方要求将75毫米火炮装在旋转炮塔上，研制代号"T6"的中型坦克。1941年9月，"T6"坦克定型并被命名为"M4谢尔曼"中型坦克。"M4"是在"M3"坦克的基础上研制成功的，两者既有区别，又有联系。

第4章 经典战役 开创神奇

研究作战计划的蒙哥马利

蒙哥马利和英国首相丘吉尔亲赴作战一线督战

500米以内击穿"谢尔曼"的装甲。于是，"谢尔曼"坦克拥有无可置疑的战场统治权，英军在阿拉曼战役中得以大量使用。

大战前夕，英军走马换将。新任第八军团司令是一个瘦小精干的汉子，人们亲切地称他为"蒙蒂"，他就是中将伯纳德·劳·蒙哥马利。

应该说，蒙哥马利是一员福将，在他之前的沙漠军将领哪个也不差，但他赶上了英军装备最充足的时期。

巅峰对决：狐鼠大战阿拉曼

英国在美国的支援下不断加强其在北非的军事力量，积极备战。蒙哥马利元帅在得到大批美国"谢尔曼"式坦克、"解放者"式轰炸机及各种大口径火炮补充后实力大增，拥有坦克1100辆，飞机1200架，总兵力增至23万人。"B-24"轰炸机（代号："解放者"），是美国研制的远程轰炸/侦察机。它是"二战"时美国生产最多的大型轰炸机，同时也是使用得最多的轰炸机。"解放者"轰炸机不仅在欧洲，同时也是在非洲、亚洲广大海空战场的"空中霸王"。

而德军非洲军团和意军仅有12个不满员的师约8万人和540辆坦克、350架飞机。其中有300辆是意大利的"薄皮"坦克。在北非战场上，德国只有少数几种能在1000米以外从正面击穿"谢尔曼"坦克装甲的武器。战役以后，隆美尔写道："敌方的新式'谢尔曼'坦克，比我们所有的型号都要先进。"

"B-24解放者"轰炸机

"M4谢尔曼"坦克

经过周密的准备，蒙哥马利遂决定发起进攻，围歼隆美尔指挥的德意驻北非联军。定于10月下旬发动代号为"捷足"的反攻，在突破德意军的防御地域后，迅速向西挺进，将德意军全部逐出北非。

被动防御：进攻中的反坦克战术

1942年10月，德意军队在北非共驻军12个师，10万余人。他们防守在阿拉曼西南，从地中海沿岸至卡塔拉盆地之间的地带。而英军此时在北非已拥有11个师和4个独立旅，总兵力达23万。

隆美尔预料到英联邦军队很快就会强大到能发动进攻，他希望在斯大林格勒作战的德军能够迅速打败苏军，借以牵制或迟滞英联邦部队的攻击，再催促支援，最终打败英军。他们布设了50多万颗地雷，其中主要由反坦克地雷组成，还混有人员杀伤雷。

隆美尔将德军与意军交替部署在前线。他的部队包括了两个德军装甲师和一个德军摩托化步兵师，还有一支同样大小的意大利部队。由于缺乏情报支持，加之盟军的欺骗战术，隆美尔在整个前线都部署了军队。这就延长了他们的战线和集中兵力防御英军进攻的时间，并且消耗了大量宝贵的油料。

猎狐骗术：代号为"柏特来姆行动"

蒙哥马利计划用两支突击队穿越德军在北部布设的雷场，之后装甲部队会经过这里去打败德军装甲部队。同时，一些部队会在南方佯攻，这样剩余的轴心国部队就不会北上增援。蒙哥马利计划用12天的时间分"闯入、混战、击败"这三步来取得胜利。

首先，布置四个步兵师逐步接近和摧毁轴心国阵地外部防线。与此同时，工兵会在雷区中清除地雷并划出安全通道。这两条线都位于轴心国防区深处。他们启动代号为"柏特来姆行动"的战术欺骗，不仅要在战斗地点上欺骗他们，还要让他们获得错误的发起时间。盟军在北部设置假的弹药库和粮仓，德意军队很自然地识破了，也就没把它们放在眼里。这就使第八集团军能在夜间于前线将那些废弃物换成真正的弹药库、油罐和粮仓，而不被敌人发现。与此同时，还开始建造一条假的输油管，故意泄露施工进度，使德意军队错误估计战役发起时间及地点会在南方。

为了更进一步地迷惑敌人，盟军在南方用胶合板覆盖住吉普车，使之看起来像坦克，而北方的坦克也被盖上了胶合板，看起来就像运输队。这些在战役发生几个月前的欺骗战术非常成功，隆美尔大胆离开北非战场回国治病，导致德意军队在开战时措手不及。

狐鼠鏖战：4辆英军坦克换1辆德军坦克

10月23日夜，经过连续3天航空轰炸和1200门火炮约20分钟火力准备后，英军向德意军防线发起全面进攻。从南线进攻的英第十三军"沙漠老鼠"装甲师和北线的英军第三十军团遭受德军火力和雷区阻滞，进展缓慢。但因隆美尔9月份因病回国治疗未归，接替指挥的施登姆将军于开战当天死于心脏病，德军陷入无人指挥的混乱状态。25日，英军在战线北部突破敌军防御阵地。

同日，在希特勒严令下，隆美尔返回战场指挥，但德军海上供应在英美海空力量打击下损失惨重，运输油料的3艘油轮被击沉，致使隆美尔坦克部队因缺油无法发动反击。蒙哥马利在初次进攻遭挫折后，很快调整战役部署。隆美尔也将全部战略预备队调至英军的北部海岸地区抵抗英军。

在48小时消耗战中，英军尽管付出4辆坦克换1辆德军坦克的惨重代价，但由于其在数量上占有绝对优势，至战斗结束时，仍有800辆坦克，而德意联军只剩下不足200辆。

10月28日，英军调集主力在北部战线继续猛攻，迫使南线德军增援。德军北上增援后，英军立即集中兵力于1942年11月2日凌晨在南线发动代号为"增压"的战斗，攻击德意军接合部，并突破敌方防区，向西挺进。

德军对进攻中的英军发起反击，但因缺乏空中掩护，部分坦克被击毁，反击失败。11月4日，隆美尔在战局不利的情况下命令向西撤退，并将意军淡水储备和汽车全部掠走，4个师的意大利军队随即向英军投降。

随后，英军开始全线追击，后因雨停止。至此，阿拉曼战役结束。在这场战役中，双方都付出了巨大的代价。英军阵亡将士达7000多人，而德意军伤亡及被俘人

向英军投降的非洲军团士兵

数近6万。英军击毁坦克装甲车350辆。但因英军冲击不果敢，行动迟缓，未能全歼德意联军。从此，轴心国彻底失去了北非，战争主动权落入英军手中，此役成为第二次世界大战非洲战场的转折点。

战役点评

蒙哥马利是一个有先进战略思想与独到见解的优秀将军，以其海空优势，封锁和破坏对方后勤补给线，使德军难以在沙漠地区机动兵力和持久作战。英军集中优势兵力，实施正面进攻，以德意步兵阵地和有生力量为

打击重点，使德军坦克部队因缺乏步兵支援难以固守阵地只得退却。

德军则利用沙漠草原地带布雷迅速的特点，广泛设置雷区，依托高地进行防守，以近战火力重创英军（杀伤英军1.3万人，击毁坦克500辆），对阻止英军集群坦克进攻起到很大作用。

战役之后形成了一条最重要的反坦克作战经验，就是破坏和阻止坦克的集群突击的防御战术。以大口径火炮的机动与反坦克地雷区域的设置，结合己方的坦克共同实施机动式防御，可以有效地阻止或迟滞敌方坦克集群突击。这种战术直到现在仍然适用，但是要有足够的制空权和准确的战术情报作保障。

4.6 闪电受挫：库尔斯克坦克大决战

战役背景

1943年初，苏联红军在斯大林格勒战役中取得了决定性胜利后，德军南方集团军群司令曼施坦因元帅也开始计划向苏联红军反扑。他主动放弃了一些重要据点，诱使苏联红军深入，苏联红军在不断进攻中，战线越拉越长，而德军却趁机完成了兵力的集结。二三月间，曼施坦因指挥刚组建的南方集团军群向顿涅茨河和第聂伯河之间的苏联西南方面军发起反击，西南方面军遭到了重创。德军不仅重新占领了哈尔科夫，还差点把瓦图京指挥的苏军给包了饺子。这次反击造成的一个后果就是以库尔斯克为中心的突出部的形成，预示着一场规模宏大的战役即将展开。

强力铁钳：作战代号为"堡垒"

库尔斯克突出部犹如一个拳头从苏联红军的战线中延伸出来，其正面长约400千米，而底部却不到110千米。德军经过严密侦察，在该突出部发现了众多成建制的部队驻地。曼施坦因计划通过一次南北两翼协调的钳形攻击，合围并歼灭整个突出部内的苏联红军重兵集团。

曼施坦因原本希望通过一次诱敌进攻后的防守反击来歼灭苏军，即代号为"反手一击"的大胆行动。但希特勒旨在粉碎位于库尔斯克的突出部，准备趁苏联红军立足未稳，先期发动进攻战役，作战代号为"堡垒"。

但由于这年雨季结束得较晚以及德军准备上的不足，"堡垒"作战计划不得不一再延期。苏联红军的力量增加得更快，这是尽人皆知的。在5月份的一次讨论"堡垒"计划的会议上，航空照片显示了苏联红军在德军计划的进攻路线上，已经构筑了大量的防御工事。尽管进攻的最佳时机已经失去，"堡垒"作战最终仍被确定发动。

"虎"式重型坦克

在整个"堡垒"作战中，德军共分为两个攻击方向。直到6月底，德军才在库尔斯克集结完毕。在战役爆发后，还有1个连的"虎"式重型坦克和一个装甲师才陆续加入。

老虎出山：对抗中苏军坦克处于劣势

到了库尔斯克战役前，苏军坦克已经在技术上处于劣势。1943年7月，苏德战场的库尔斯克战役中，德军的"虎"式坦克（亦被称为"Ⅵ"号坦克，"虎2"是"二战"末期出现的"虎王"）行进在从别尔哥德罗向奥廖尔进军的途中，德军计划南北夹攻，在库尔斯克合围苏军。希特勒在视察过"虎"式坦克营之后曾经得意地夸口，一个"虎"式坦克营就可以抵得过以前一个德军装甲师。他们引以自傲的装甲"闪电战"战术，其实背后是以整个国家工业国力作为支撑的。

1943年，经过几年血战的纳粹德国，国力已经有了相当大的消耗，已经和当年全盛时期不能相提并论了。此时的德国国力，其实早已无法对苏联再实施任何完美的"闪电战"战术，已经无法做到战役突然性和战术攻击性两全。

但在战争中，德军发现苏制"T-34"坦克火炮俯角较小，遭遇起伏地形时必须前倾作战的弱点，因此在战斗中大量采用占据棱线俯射的战术，让"T-34"坦克的装甲倾角优势消失殆尽。

迟缓攻势：建立广大纵深防御

面对德军在技术上的明显优势，苏联红军也在计划下一步的行动。苏联最高统帅部意识到：在这种情况下，苏军是不能主动进攻的。于是苏

"T-34"坦克

机甲金刚之"T-34"坦克

第二次世界大战期间，由苏联设计师米哈伊尔·伊里奇·科什金设计的中型坦克。苏联一共生产了57 352辆，其型号主要为两种：安置76.2毫米坦克炮的"T-34/76"与安置85毫米坦克炮的"T-34/85"。其带有倾斜装甲的设计思路对后世坦克的发展有着深远及革命性的影响。

军开始在库尔斯克转入了积极的防御准备：利用人数上的优势建立广大纵深防御，不断迟缓德军的装甲攻势，直至其实力消耗殆尽，再投入预备队发动反击。从理论上说，这和斯大林格勒的战略指导思想没有什么差别。

"喀秋莎"火箭炮发射情景

在前沿阵地，苏联红军精心地设计他们的防御，构筑了数道防线，防御纵深超过160千米，整个防御体系由大量互相紧密配合的战壕、铁丝网、反坦克火力点和反坦克沟壕以及雷区组成，在德军最可能的进攻方向上，聚集了大量的兵力和火力。

投入库尔斯克战役的钢铁洪流

库尔斯克战役爆发前，苏军在这个突出部已经部署两个方面军，并且修筑了大量的防御工事（仅在沃罗涅日方面军防区，就有8万多个步兵掩体、5322个指挥和观察所，堑壕和交通壕长度达4240千米）；还有近30万枚反坦克雷和30万枚反步兵雷；而中央方面军防区则挖了5000千米的堑壕，埋设了40多万枚地雷。

为了打乱德军进攻步骤，朱可夫于1943年7月5日2时20分，下达向德军阵地实施炮火反准备的命令。

德军进攻：用起了苏军的惯用战术

在战役开始时，德军一改昔日的攻击方式，反而模仿起苏军的惯用战术：先以工兵和步兵在炮火支援下突破阵地，摧毁反坦克炮并清除雷场，然后再将装甲主力投入战场。这样他们就可以保证坦克在开战初期避免不必要的损失，并且能够完整地进入敌方纵深并扩大战果。

南线战场：苏联红军的炮火反准备完全出乎德军的意料，虽然比原计划推迟了3个小时，但仍给德军造成很大损失。德南方集团军群的第四装甲集团军根据预定计划发动进攻，在损失36辆坦克后，德军艰难地越过了苏联红军的反坦克雷区，并强渡了佩纳河。

空地协同的苏军进攻部队

由于德军的进攻比预计的要猛烈得多，瓦图京被迫取消了原定反攻，只得将草原方面军第五近卫集团军的第二和第十坦克军353辆坦克调往沃罗涅日方面增援，但这些部队需要几天的时间才能到达。在战斗中，德军只向前推进了数千米，未能达成突破苏联红军防线的任务。在制空权的争夺上，通过空战，苏联空军也逐渐扭转了劣势，完全夺取制空权只是时间问题。而随后赶到的苏联红军援兵使他们的防线将更加坚固。

北线战场：苏联红军的炮火反准备也使德军的进攻比计划推迟了两个半小时，在几十分钟的炮火反准备和空中轰炸之后，德第九集团军按计划开始了进攻。苏联空军经过激战，夺取了库尔斯克北部地区的制空权，从此给德国地面部队以很大威慑。

1943年7月9日，德第九集团军的攻击能量已耗尽，10日被迫转入防御。

1943年7月10日，英美联军在意大利西西里岛实施登陆作战。为抽调兵力去意大利，希特勒决意终止"堡垒"计划，曼施坦因虽强烈反对，但遭受打击后缺乏勇气和耐心的希特勒最终还是取消了进攻，德军后撤。

1943年8月23日，库尔斯克会战最终以苏联红军的胜利而宣告结束。

战役点评

苏联红军战略指挥高度集中、选择行动时机适宜等，是这次战役胜利的主要因素。这场会战后，苏联红军完全掌握了战略主动权，转入了战略进攻。斯大林在评价这一来之不易的胜利时说："苏联红军在库尔斯克会战的胜利，标志着德国法西斯已经处于覆灭的边缘。"事实证明，苏军的防御战术生效了。

4.7 绿色橄榄枝下的闪击战："赎罪日战争"中的坦克大战

战役背景

在第三次中东战争中，以色列发起进攻，攻占了整个西奈半岛乃至苏伊士运河的停火线，并且从叙利亚那里攻占了大约一半的戈兰高地，吞并了整个的巴勒斯坦，占领了约旦的大部分领土。埃叙为收复失地，进行了长达6年的军事准备。苏美为控制中东国家，都竭力维持阿以之间"不战不和"的局面。埃叙军民对此十分不满。埃叙领导集团为解脱内外困境，并看到战争条件已经成熟，决定向以色列开战，从而爆发了第四次中东战争。

磨刀霍霍：艰难的赎罪日

第四次中东战争起源于埃及总统萨达特提出的有限战争设想。他认为，只要埃及军队能在西奈半岛拿下一些土地并站住脚，就能改变美苏对阿以争端的态度，迫使以色列接受谈判，打破僵持局面。埃军司令部根据萨达特的设想制订了"巴德尔行动"计划，并同叙利亚进行磋商，组成联合司令部，拟于1973年10月6日向以色列发起进攻。这一天是穆斯林斋日开始，同时是犹太人赎罪日。这个方案得到了阿拉伯产油国的支持。

埃及总统萨达特在战前亲自视察埃军前沿阵地，观察以色列的机枪哨所

之所以选在犹太人的假日赎罪日这天发动战争，是因为以色列在这天处于全国放假状态。赎罪日是犹太人一年中最重要的节日，在这天，犹太教徒都会实行禁食，同时会避免使用武器、电子器材、引擎、通信设施，等等，道路交通也会停止。许多士兵在这天离开岗位返家过节，以色列正处于一年中战备最脆弱的状态，尤其难以进行全国军人的紧急动员。

闪击东岸：突破以色列的"巴列夫防线"

6日战争开始时，埃及集中8万军队，300架飞机，4000门大炮和火箭发射器，向苏伊士运河东岸的以色列阵地发起攻击，以色列遭受了埃叙的首轮突然袭击。而这第一波的攻击又迅速由伊拉克、摩洛哥、沙特

"T-62"主战坦克

阿拉伯和约旦的援军所加强。下午2时，埃及士兵引爆预先在水下悄悄埋入的两个炸药包，爆炸把以色列防御工事炸开了两个缺口；隐蔽在河西沙丘后面的2000门大炮同时突然向东射击，炮弹铺天盖地飞往以色列阵地。

第四次中东战争就这样开始了。接着，埃叙8000名突击队员用橡皮舟渡过运河，用高压水龙头在东岸沙堤上冲开通道，同时铺设起浮桥。两个集团军迅速渡过运河，经过10个小时战斗，突破了长达160千米的"巴列夫防线"向西奈半岛纵深挺进。至10月19日，埃及军队控制了12～20千米的地区。

叙利亚军队也在伊拉克、约旦、沙特阿拉伯军队的协助下，收复了戈兰高地的部分领土。同时，巴勒斯坦游击队在被占领地区频频出击，袭击以色列的供应基地、交通干线和军事设施。阿拉伯各国对此给予了有力的声援和支持，阿尔及利亚等9国派出空军、陆军到前线配合作战，沙特阿拉伯等产油国向埃叙两国提供22亿美元援助，并通过石油禁运、提价等措施打击美国和其他西方国家。

叙以开战：戈兰高地之祸

在戈兰高地，以色列军以2个装甲旅和11个

埃及军队进入运河东岸

火炮连的兵力，抵挡叙利亚大军的入侵。在战役开始时，叙利亚坦克立即与以色列的坦克混战在一起。叙利亚的直升机空降突击队攻占了以色列位于赫尔蒙山上的最重要的看守堡垒。

在戈兰高地的战斗被以色列高层列为第一优先。在西奈半岛的作战由于距离以色列本土相当遥远而不会对国内有太大威胁，但戈兰高地一旦陷落，叙利亚军便能长驱直入以色列。以军后备役军人被以最快速度分派至戈兰高地，他们到达兵站据点便直接驾驶分配的坦克开往前线，无须等待其余训练的成员、无须等待安装机关枪于坦克上，也无须等待测定坦克火炮口径的步骤。如同在西奈战线的埃及军，叙利亚军也一直小心地只在己方防空飞弹的保护范围内行动。叙军使用了许多苏制的反坦克武器，但由于戈兰高地地形崎岖而没有取得在平坦的西奈半岛上那样的效果。

在第一天战斗结束时，在戈兰高地的叙利亚军已经取得了一定规模的胜利。为了配合埃及、叙利亚反击以色列，巴勒斯坦突击队有26000人，在戈兰高地、加利利、加沙和以色列占领的其他地区，展开袭击活动。他们运用游击战术，袭击以军营房和集结区，摧毁雷达站、供应基地和仓库，伏击以军车队，破坏桥梁交通，严重威胁以军的后方，牵制了以军的力量，使以色列军队首尾难以兼顾。

但与第一次中东战争时的情况相似，美苏的调解和联合国的"停火决议"，使以色列有了喘息和重新部署力量的机会。在超过4天的激战中，北边的以色列第七装甲旅终于守住了战线。

空地协同：激战戈兰高地

以军统帅达扬认识到眼下能够挡住叙军前进的唯一力量是空军。"我们的空军必须袭击敌人的装甲部队，而且不是按照规定的条文行事。"达扬说，"否则我们将丧失戈兰高地的南部。"结果证明，达扬这一决定对稳定当时的战局、迟滞叙军的进攻起到了重要作用。

达扬说，扭转形势有两个因素：一是空军，他们不间歇地轰炸和袭击叙军；二是预备役装甲旅的努力，当时他们分成几个小分队正从加利利的基地开往前线。叙利亚估计以色列的后备军人至少要24小时才能到达前线，事实上，以色列的后备军人在战争爆发后15个小时便开始陆续到达前线了。这些部队迅速设置障碍物和路障，阻塞叙军前进的道路。以军第七旅在极不利的条件下连续打了3个昼夜，许多坦克已被打坏，弹药也几乎耗尽。但就在这一非常时刻，叙利亚先头部队的坦克竟开始撤退了。

戈兰高地的局势在以色列后备援军抵达后终于开始逆转，以军准备进行反击。为了改变两线作战的不利局面，以军企图先稳住叙以战线，解除对以色列本土的威胁，然后集中力量对付埃及。从10月9日起，以色列在叙以前线集中了15个旅的兵力和1000辆坦克，在空军主力的掩护下，对叙军进行疯狂反扑。不同于南边广大的西奈半岛，狭小的戈兰高地很难在战争中起到缓冲作用，然而在战役中却证明了戈兰高地在地理上是个重要的战略据点，而且是阻止叙利亚入侵以色列本土的关键。到了10月10日，所有入侵的叙利亚部队都被打回开战时的边界了。

艰难决定：24小时内打下大马士革

以色列必须要做一个决定：就此停战维持自1967年以来的边界，或是继续攻入叙利亚的领土。时任以色列总理的梅厄夫人决定继续进攻。以色列国防部长达扬趾高气扬，吹嘘要在24小时内打下大马士革。10日，以色列开始集中力量打击北线的叙利亚军队，夺回戈兰高地的失地，并进而越过战前界线，又占领了叙利亚700多平方千米领土。

之后，涂着大卫星徽的坦克就开上了通往开罗和大马士革的公路，距离大马士革的市郊只有40千米。但是，叙军在伊拉克、约旦、沙特阿拉伯和摩洛哥等国装甲部队和炮兵部队的有力支援下，展开了激烈的阻击战，粉碎了以军企图侵占大马士革的计划。随后，叙利亚、约旦和伊拉

以军向大马士革挺进

以士兵押解叙军战俘

克的部队发动反击，以阻止以色列进一步的攻势。10月16日至19日，叙利亚、约旦、伊拉克和沙特阿拉伯的4支部队发动了大规模进攻，在戈兰高地双方进行了激烈争夺。然而，他们无法击退以色列部队位于巴珊的突出部。10月22日10时，以军夺回了赫尔蒙山哨所。这个哨所是以色列的"眼睛"，是无论付出多大牺牲也要夺回的地方。

紧接着，以色列和约旦接受了联合国的停战协议。叙利亚于第二天也接受了这个决议。

至此，战斗停止。

西奈决战：埃以坦克大对决

战争开始后，埃及军队击破了巴列夫防线上几乎所有的堡垒。埃及军继续前进了大约15千米，以2个军的兵力，进入了西奈半岛的沙

以坦克攻入叙防线

漠地带。

因为预料到以色列装甲部队会进行反击，埃军为担任第一波攻势的部队装备了数量空前的反装甲武器，包括单兵携带的RPG火箭推进榴弹以及更为先进的"AT-3"反坦克飞弹。每3名埃及士兵便有1人装备反装甲武器。在埃及那一边的运河斜坡被埃及军加高两倍，给了埃及军完美的视野和发动攻击的有利位置，使埃及军队能够轻易地射击任何逼近的以色列步兵和坦克。

以色列指挥官过分低估埃及步兵的反坦克能力，错误地判断敌情，极为被动地指挥，

以军装备的坦克

分散使用兵力，致使以军遭受重创。10月8日的那次战斗，就是一个典型的坦克兵遭步兵伏击被歼的战例。埃及军队首战全胜，开始巩固他们的据点，但却并未乘胜追击。这是致命的错误，埃军展开第二次大规模进攻时，战机已经失去。以军步、坦、炮协同作战，投入800辆坦克，并使用武装直升机和其他飞机发射"小牛"、"百舌鸟"式空地导弹、"白星眼"式电视制导炸弹等。10月14日，埃以在西奈激战。埃军离开防空火力阵地掩护的1000辆坦克被击毁250辆，只能撤回出发阵地。

步兵来袭：没有掩护的反坦克攻势

在稳住北线之后，以军又运用步兵在南线对埃军进行反攻。15日晚，一个由沙龙（具有超人的冒险精神和丰富的战争经验，被称为"以色列的巴顿"）所领导的师，偷渡运河攻击北边埃及两个军团阵地接合部，进入埃军后方。紧接着，以军横渡运河来到对岸，迅速建立桥头堡。

尽管没有装甲部队的支援，这批突击部队用美制的"M72 LAW"反坦克火箭对付埃及装甲部队，迅速清除运河西岸的埃及军防空和反坦克飞弹阵地。这些阵地清除后，埃军随即失去了防空火力的掩护。之后以军在大苦湖北边的运河上架起了4座浮桥，占领1000多平方千米土地，对埃及第三军形成包围，直接威胁开罗。

就在这时，埃及和叙利亚先后宣布接受停火。以色列虽然口头接受停火，但仍挥兵西进，并收缩对埃及第三军的包围圈。到战争结束时，以色列部队已经大量攻入埃及，距离其首都开罗只剩下101千米了。

大国较量：摇摆中的绿色橄榄枝

以色列领导人放弃先发制人的攻击或许是个明智的选择。在战争爆发后，以色列在军事失利的情况下，一面要求美国出面调解，一面在全国进行紧急动员。美国进行的"五分钱救援行动"，架起"空中桥梁"，向以色列赶运武器装备。为以色列补充了大量宝贵的军火武器。依据亨利·基辛格的说法，"如果是以色列先展开了攻击，他们或许就不会获得那么多援助了"。战争爆发后的5天内，美国就向以色列提供了1.3亿美元的军事援助。这里面还包括情报——沙龙的装甲师突入埃及军队阵地之间的薄弱地带就在其中。

敌对双方都分别由一个超级大国充分武装：以色列空军因受到由苏联提供的"萨姆"导弹的打击而损失惨重，但在决定性的沙漠遭遇战中，美国和英国的坦克却占据优势。这场战争严重破坏了美国和苏联两国刚发展起来的缓和气氛。勃列日涅夫甚至威胁说要采取"单方面行动"，美国也曾下令军队进入戒备状态。苏联担心战争升级，敦促埃及、叙利亚停火。

10月16日，苏联部长会议主席柯西金飞往开罗同萨达特会谈，声称如不停火，苏联就停止向埃及运送武器。同时苏联向叙利亚施加压力，威胁撤离苏联在叙的导弹技术人员。10月21日，美苏向联合国安理会提出议案，要求就地停火，建立"公正持久和平"。安理会10月25日通过一项关于派联合国紧急部队去中东的决议，停火才得以实现。

4.8 血战高平：惨烈的坦克山地丛林战

战役背景

"二战"结束后，民族解放运动兴起，包括越南、老挝和柬埔寨等三个法属印度支那国家也开始了独立运动。越共曾用名叫印度支那共产党。在1951年印支共产党"二大"上，分别成立了各自国家的共产主义政党。但是这时，越南提出了一统三国的设想。

1978年越南在苏联的支持下，对中越边境的陆地、海洋提出主权要求，出兵占领南海部分岛屿，在国内大规模排华，并与中国发生了边境冲突。1979年2月17日，中国发起"对越自卫反击、保卫边疆作战"。其中高平战役是这次行动的主要战役之一，是一场硬战中的硬战。可以说是自中东战争以来，世界上最庞大的坦克和反坦克之战。此战中，解放军把越军的精锐三四六师完全歼灭，成为对越自卫反击战的关键。

南边烽火：有必要对越南加以制裁

1978年12月7日，中共中央就已决策——发起惩越作战。12月8日，中央军委下达了对越自卫还击作战的战略展开命令。任命许世友上将为东线广西边防部队总指挥，任命杨得志上将担任西线云南边防部队总指挥。东西两线解放军的战役部署是：东线兵团从广西方向出击；西线兵团从云南方向出击。解放军之战役决心：有限时间，有限纵深，集中优势兵力，迂回包围，各个击破，速战速决，歼敌速回。

1979年1月1日中美建交，邓小平随后立即访美，向美国总统卡特通报了准备惩罚越南的情况。回国时又途经日本访问，在被问及对越政策时，邓胸有成竹地说："有必要对越南加以制裁。"

至 1979 年 2 月中旬，中国人民解放军第一批参战部队共 7 个军 22 个师 36 万人云集广西、云南中越边境，并有参战民兵、民工 70 余万人，坦克、自行火炮、装甲车 800 余辆，各种火炮 9000 余门，各种车辆 3 万余辆，已箭在弦上。越军以边境一线的 6 个步兵师、10 余个地方团、20 余个独立营及 4 个炮兵团应战，后期又陆续加入步兵三二七、三三七师和若干独立团、独立营、特工营、炮兵、工兵、通信等单位，参战正规军在 10 万人左右，此外还有数量庞大的武装民兵配合作战。东线广西正面为越军第一军区，部署有陆军 9 个师零 9 个独立团，在边境各县还有 20 余个独立营，作战部队约 10 万人，成两线配置。第一线为高平、谅山、广宁省广大地区，部署有 4 个师零 6 个独立团。

当时越军指挥官文进勇在第一军区总指挥部指出：高平地区应进一步加强由道农、朔江、茶灵到重庆的正面防御，由于高平山区大小山岗重重叠叠，易守难攻。他同时下令朔江越军准备侵入中国境内，以求吸引中国军队从而达到杀伤的目的。

"59" 式中型坦克

机甲金刚之 "59" 式中型坦克
该坦克参考苏式 "T-54A" 中型坦克而研制，是中国的第一代主战坦克，1959 年开始装备中国人民解放军陆军。其具有较强的火力，较好的装甲防护和机动性能，重量较轻，体积较小，结构简单，工作可靠，使用维护比较方便。

赤龙之吼：是可忍，孰不可忍

1979年2月17日，中国《人民日报》发表了一篇访问记《是可忍，孰不可忍——来自中越边境的报告》，实际上是对全世界宣布了中国的最后抉择。中国的"对越自卫反击、保卫边疆作战"由此拉开序幕。与此同时，解放军进行了一场名为"赤龙之吼"的军事行动。2月17日凌晨4时半，集结在中越边境上的中国人民解放军近56万兵力，从广西、云南两个方向对越南北方6个省11个县，约500千米的战线，发动了突袭。

由于东溪一带接近谅山地区，没有坦克行进道路，故越军指挥部部署了大量的以高射机枪为主体的防御工事群和火力网。我军面对越南军队咄咄逼人的态势，为了减少损失，在高平地区决定投入300辆坦克。用坦克作为主战武器，以坦克上的重炮代替自行火炮，直接攻击敌人的据守岩洞。用我之所强攻敌之所强，以硬打硬，掩护步兵攻占阵地。世界上最庞大的坦克和反坦克的山地丛林作战由此展开。

越方前线指挥官文进勇认为高平地区北面险要，而东南面东溪一带，更是敌人不敢进攻之地。高平战区和老街战区岩洞暗堡成群，各种火力点宛

机甲金刚之"62"式轻型坦克

该坦克于1958年开始研制，1962年设计定型，1963年投产并装备使用。是中国自行设计研制的第一代轻型坦克。它主要用于南方丘陵山地的装甲师团，遂行侦察、迂回、同敌方轻型装甲车辆作战等主要任务，具有良好的机动性能、一定的火力和防护能力。

"62"式轻型坦克

若蜂窝，隐藏在荆棘里的战壕坑道纵横交错，无数工事和火力点上下相连，火力交叉。因此，高平地区被视为打消耗战的最佳之地。他下令朔江越军不断地在此地区挑衅，打死打伤中国军民，目的是想引中国军队前来进攻。同时准备侵入中国境内，以求吸引中国军队，从而达到杀伤的目的。

解放军对越军的战略战术估计非常准确。东线中国军队分为北集团、南集团、东集团，共3个军10个师兵力。其中南、北集团主攻高平，同时东集团进攻同登，牵制谅山方向的越军。越南军队自信具有长期的实战经验，加上拥有比中国步兵更先进的武器，故一定程度上具有轻敌之意。中国军队要在这易守难攻岩洞四伏的地区战胜敌人，并消灭敌人有生力量，就要在战略上给敌人布下一个大口袋，敢于把敌人一口吃掉。

丛林突击：铁甲猛虎剑指河内

战役在解放军的预想战略战术中展开。1979年2月17日凌晨，东线中国军队兵分多路杀入越南境内。北集团四十一军的一二二师兵分三路进攻高平北大门朔江，实施浅近纵深突破迂回。经5昼夜连续战斗，完成了预定的战斗任务。

银山地区的越军三三八师发现从道农穿插而下的解放军部队，以为我军是要由3号公路夹击河内，纷纷掘壕筑工事据守，但穿插部队在占领魁扎后突然攻原平、打沙，直指高平。主攻部队四十一军一二一师和一二三师主力向高平西侧实施大纵深、大迂回的穿插合围战术。但该部没能迅速收拢进至高平外围，而是滞留于扣屯地区。2个步兵团配属坦克部队沿公路向高平西侧的扣屯地区实施穿插，全程90千米。打掉了那怀地区的越军三四六师师部，敌师长黄扁山大校战场失踪。

南集团四十二军以一二四师和一二六师主攻，集中了此次对越作战中最大规模的装甲摩托化部队，从布局关突破，走牛车小路向东溪穿插。另以一二五师从水口关方向进攻，打通复和方向的3号公路。配属四十二军作战的四十三军一二九师从布局关以南地域突破，截断4号公路，阻击谅山方向的越军北援。

东溪穿插是高平战役的亮点。四十三军坦克一营用了不到3个小时就插到东溪，大出越军之意料。此后坦克部队坚守东溪3个多小时，直到后续步兵赶上来，表现了顽强的战斗精神。一二六师步兵跟随坦克一路恶战，进至东溪继续扩大突破口，为一二四师及后续坦克梯队打开道路。

与此同时，七溪和东溪在奇兵突袭下很快拿下，越军停留在脱浪机场的战机成了我军的战利品。

东溪的一二四师及坦克部队随一二六师之后跟进，从嫩金山地区加入后，继续向高平挺进。进攻部队以坦克为尖兵，只用三天时间，就通过博山攻到高平。此时正面越军军心大乱，在解放军炮火攻击下难以动弹。越军只得炸毁了东溪以东的班翁山区水库，将解放军的炮兵和轮式车辆都堵在水障后面。但解放军主攻部队坚决粉碎了越军的10余次阻击，长途攻进70千米，兵临高平城下。我军随即发起总攻后，一天的时间就在高平全歼越军三四六师。

解放军缴获的越南军用物资

进攻中的解放军坦克纵队

第4章 经典战役 开创神奇

东线作战打到这时，态势已很明显。谅山被克，连接越北地区各交通枢纽的门户洞开，中国坦克部队可沿公路直取越南首都河内。河内一片惊慌，越南政府发出了全国总动员令，在河内市区挖掘防御工事，各国外交代表团也开始向河内以南转移。然而，3月5日，中国政府宣布撤军了。

战役点评

越军方面：优点在战术上，越军自有一套战法，打得顽强，但也撤得迅速。失败的最大原因是战略上对自己估计过高。解放军穿插部队和坦克开进时，谅山及河内指挥部都认为坦克不可能穿过山路，不相信军情，反而指责部下谎报。

解放军方面：对战略估计正确。高山丛林地区用坦克部队对敌发动包围歼灭战，开创了战史上的新奇迹。能够及时调整步坦协同战术：改由步兵搭乘改装的运兵车作尖兵，坦克上的重炮紧跟支持；步兵指引坦克进行准确射击，较好地破解了越军的反坦克战术。

但也暴露出许多问题，比如：指挥体系严重紊乱，前线指战员无法适应现代化战争，仍然使用老式战术；部队训练不足，且缺乏山地、丛林战与夜间战斗的训练，导致兵员重大伤亡。

前线通讯能力不佳，缺乏战车、步兵、炮兵间的协同作战经验。步兵缺乏足够的装甲运兵车或步兵战斗车辆输送，机动力过差。不能及时为坦克提供有效支持，加之"59"式与"62"式战车装甲太薄，防御力不足，在遭受反装甲武器攻击时，损失惨重。

4.9 烈焰黄沙：海湾战争中的100小时坦克闪击战

战役背景

1990年8月，伊拉克突然发兵占领了科威特，引爆海湾危机。在联合国决议没有得到执行的情况下，1991年1月，以美国为首的多国部队在联合国的授权下，决心发起地面决战来彻底打垮萨达姆的军队，将伊军赶出科威特。"沙漠军刀"军事行动就是多国部队发动的一场陆上战斗，目的是要摧毁伊拉克的精锐部队——共和国卫队。代号为"沙漠军刀"的地面作战计划是施瓦茨科普夫将军根据他多年研究的"空地一体战"构想和亲自指挥巴拿马登陆作战的经验拟订的。

为实施"沙漠军刀"计划，多国部队共集结了地面部队约60万人，坦克3700辆（其中美军2000辆）、装甲车3000辆（美军2000辆），大中口径火炮、火箭炮1600门（美军1200门），沿沙伊、沙科边界由西向东部署了3个进攻集团。左翼为西攻击集团，部署在沙伊边界中段。中间为中央攻击集团，部署在沙伊边界东段。右翼为东攻击集团，部署在沙科边界西段。

快速集结的多国部队士兵

风暴急袭: 疯狂的火力准备

1991年1月17日开始，多国部队对伊拉克共实施了长达38天的战略轰炸和战术空袭，造成伊拉克的军事机器严重瘫痪，并摧毁了伊军前线部队50%

以上的力量。伊拉克总统萨达姆为守住已被他宣布为伊拉克的一个省的科威特，在科威特境内和伊拉克领土的南端共部署了41个师54万余人，配备坦克3000多辆、装甲车2800辆和火炮2000门。

南北朝向的梯次部署，使伊军的防御重心完全放在了科威特境内，西部兵力空虚，而这正是多国部队的主攻方向。同时，多国部队在发起地面进攻之前，不断地袭击边界北面的伊军，引诱伊军把主力集中在科威特南部防线。这时伊军在美军的空袭和电子干扰下，已失去侦察手段，对多国部队部署无法准确掌握，固守原地不动，这正中了施瓦茨科普夫的下怀。

2月22至23日，美军出动"B-52"重型轰炸机的架次达到海湾战争以来最高日出动量，对美地面部队进攻方向上的伊军阵地作了地毯式轰炸；英军第一装甲师倾其所有大炮与火箭，对其地面部队进攻方向进行了火力准备。空军使用气浪弹等重磅炸弹在伊军防线的雷区打开了许多通道。海军在海上进行了大规模的扫雷并空袭和炮击了伊前沿阵地，摧毁了许多坦克、火炮

海湾战争中，美国为首的多国部队实施过"沙漠盾牌"计划，以阻止伊拉克袭击沙特阿拉伯；实施过"沙漠风暴"行动，展开大规模空袭，摧毁了伊军大半的军力；还发起代号为"沙漠军刀"的地面进攻，仅用100小时便击溃伊拉克军队，伊拉克宣布无条件接受安理会关于伊拉克的决议。

等待投降的伊拉克军队

攻击中的美军

及岸舰导弹等防御阵地，完成了地面进攻准备。

为确保地面部队的顺利推进，美及多国部队后又进一步加

实施作业的特种工兵车辆

强地面进攻准备。美军首先使用凝固汽油弹，破坏伊军阵地前沿的贮油壕沟；接着出动大型推土机在伊军沙堤防线打开缺口；并且加强了对伊军前线部队的空袭和炮击。

蛙跳战术：呼啸而出的黑鹰

伊拉克装甲部队的坦克躲过了"沙漠风暴"的袭击，却躲不过"沙漠军刀"的杀戮。在"沙漠军刀"军事行动中，多国部队的新型主战坦克大显身手。

1991年2月24日凌晨4时，代号为"沙漠军刀"的地面战争拉开了序幕，大规模的攻击开始。首先发起攻击的是东线攻击集团的美海军陆战第一师。他们在155毫米榴弹炮的掩护下，由"M-60"坦克和"眼镜蛇"直升机打头阵，在黑夜里跨过边界攻入科威特，近万名陆战队士兵乘坐装甲运兵车和其他车辆随后跟进，迅速突破了伊军第一道和第二道防线。5时30分，在陆战第一师左翼的陆战第二师也发起了进攻，在"A-6"攻击机和"眼镜蛇"直升机的强大火力支援

攻击中的美军"A10"攻击机　　　　　　　"M1A2"坦克纵队

下，该师于挺进途中击溃了伊军第七和第十四步兵师，深入科威特境内32千米，俘虏伊军8000名。同时，美和沙特等国还派出小分队，对伊军的前线部队作了火力侦察，并夺取了一些伊军前哨阵地。正是在这些充分准备的基础上，美及多国部队的地面进攻才能分突破防线、纵深作战和合围围歼三个阶段，顺利地进行着。

在东集团发起进攻的同时，西线攻击集团也于凌晨4时投入了攻击。该集团左翼于前进途中击败伊军，俘虏2500名伊军后向北长驱直入。下午夺取了距边界145千米的预订攻击目标塞勒曼机场，建立了整个进攻战役的左翼屏障。上午7时，西集团中路的美第一〇一空降师接着发起攻击。300多架"阿帕奇"、"眼镜蛇"和"黑鹰"式直升机群排成6路，紧贴沙漠呼啸着插向伊军防线纵深。

攻击前进的美军直升机编队

8时20分，机群到达边界以北113千米处的预定降落点，建立起了一个代号为"眼镜蛇"的前方作战基地。下午，该师突击分队从"眼镜蛇"基地出发继续向北进攻，黄昏时分飞抵幼发拉底河谷，在伊拉克南部通向巴格达的8号公路上设置了警戒线。

第一〇一空降师因拥有庞大的直升机群来快速运载兵力兵器，所以是地面战开始当天深入伊军防线最远的美军部队。下午3时，西集团右翼的美军第二十四机械化步兵师在麦卡弗里师长的率领下也投入了进攻，一路未遇到强有力的抵抗。第二十四机械化步兵师以每小时40～48千米的速度向北推进，午夜时分已抵达120千米的纵深地域。

坦克主战："M1A1"震撼沙漠

2月24日下午3时，担任中央主攻的美第七军以第二装甲骑兵师为先导，第一机械化步兵师、第一和第三装甲师随后跟进，向北发起猛攻。至24日当晚，美第七军所辖的各师均深入伊拉克境内20～35千米不等。

第二装甲骑兵师是联军第七军团机动侦察部队，任务是寻敌接战，拖住敌人主力，待主力部队投入歼灭。

机甲金刚之"M1A1"主战坦克

"M1A1"是美军装备的新型主战坦克，在"M1"基础上改进而成，1985年8月开始装备部队，是美军装甲机械化部队主要的地面突击兵器。该坦克在海湾战争中首次投入使用。

"M1A1"主战坦克

咆哮的美军"M1A1"坦克

"T-72"主战坦克

机甲金刚之"T-72"主战坦克

　　苏联设计生产的一款坦克。其产量达到3万辆，已形成巨大数量优势。由于原本设计目的是用于大规模快速突击，几次实战证明此坦克若不能以集群形式出现则使用效果不佳，少量使用仅适合低强度冲突作战。由于受制于使用国的经济和军队训练水平，所以数次表现不佳。

　　此外，以布雷德利战车为先导，坦克跟进，主要是在远距离确定敌人位置，扫清敌军外围安全部队，等待主力发起决定性进攻。直到2月25日，由于伊拉克部队抵抗虚弱，第二装甲骑兵师只打了些零星战斗。

　　时任上尉的H.R.麦克马斯特（后任陆军中将）率9辆"M1"坦克进行军事侦察。

　　当他到达东相线73的一座山丘顶峰后，发现自己正面遭遇了一个精锐的伊拉克师。驻守这里的伊拉克部队包括一个伊拉克步兵加强营和一个伊拉克突击营，有坦克和步兵战车支持，机枪和步兵阵地布置严密。11辆坦克和12辆步兵战车隐蔽在村庄周围具有战术意义的沙坑中，防御阵地宽度为1.5千米。他认为距敌军太近，已来不及后撤，于是向后卫部队求援，并随即率属下坦克发起攻击。

厚密的乌云和被伊军点燃的油井散发出的滚滚黑烟，使能见度只有数米。美军利用先进的光学瞄准仪，透过层层黑幕搜索目标，把伊军坦克的"黑影"牢牢地套在瞄准镜里，计算机转瞬间算出一串射击诸元，炮手果断发炮，使伊军的坦克连连中弹，其车体碎片伴着浓烟和烈焰腾空而起。

打掉伊军的坦克群后，两个美军陆战师的"M1A1"和"M-60"坦克立即冲到对方步兵阵地前沿，利用高速机枪和火焰喷射器把躲在建筑物和堑壕里的伊军全部肃清，进而全部夺取了代号"冰糖盘"的地方，并于25日当晚进至距科威特市16千米处。

东相线73之战虽然不是海湾战争中最大的坦克战，但却是具有决定意义的一战。25日和26日，多国部队东路军在科境内切割伊军部队，完成对科战区伊军迂回包围的钳形攻势。

集体杀戮：过不去的死亡公路

26日上午11时30分，伊拉克总统萨达姆发表声明：驻科伊军全部撤出科威特。伊军在伊科之间的6号公路惨遭截击和杀戮，因此6号公路被称为"死亡公路"。

2月27日起，美英装甲机械化部队对伊军五个共和国卫队师等精锐部队实施彻夜攻击。不出所料，作为伊军精锐的几个共和国卫队师在巴士拉附近进行了顽强抵抗。但美英拥有压倒性的优势，经过激烈战斗，伊共和

6号公路惨状

正在攻击的美军战机

国卫队"光辉"师全军覆没。另外的"麦地拉"师和"汉谟拉比"师，在美军的突袭下企图退回巴士拉。但美第七军装甲部队猛烈追击，在夜色中，美第一、第三装甲师首先截住了"麦地拉"师。双方的坦克近距离激战了数小时，交战地区的天空被炮火和炮弹爆炸的强光照得通亮。起先，"麦地拉"师非常顽强，但渐渐便失去了抵抗力。

美军除了在数量上占优势外，坦克的性能也超过了对方。另外还有热成像瞄准仪，可以在黑夜中准确地发挥火力。

当天色放亮时，美军的火炮、攻击直升机和"A-10"攻击机向"麦地拉"师发起了最后的围歼。伊军残存的一些坦克在绝望中试图逃走，但很快被全部击毁。

在"麦地拉"师遭围歼的同时，美军的"阿

攻击前的伊拉克军队

击中殉爆的"T-62"坦克

帕奇"攻击直升机也正在攻击另一支共和国卫队"汉谟拉比"师。"麦地拉"师最终被全歼,"汉谟拉比"师也于不久后被全部消灭了。

伊军的第十、第十二装甲师则在美第一机械化步兵师的追击下,仓皇逃窜,但终究赛不过随即飞来的"阿帕奇"直升机群。结果,在"阿帕奇"猛烈射出的火箭弹和反坦克导弹的打击下,这两个师的数百辆坦克和装甲车很快成为一堆堆冒烟的废铁。

科城解放:百余小时闪击战结束

27日凌晨6时23分,美陆战队和阿拉伯联合部队围歼了科市外围伊军,科军开进科市,宣告科威特获得解放,科威特军的"殉难者"旅率先开进了自己的首都。他们在肃清了少数伊军残余后,于上午9时11分在市中心的国际和平广场升起了科威特国旗,宣告伊拉克对科威特将近7个月的占领正式结束。

伊拉克政府再次通知联合国安理会，它准备无条件接受安理会关于海湾危机所有的12项决议，并答应向科威特支付战争赔款，释放人质和战俘等，所以，美国已失去把战争再进行下去的任何理由。美国总统布什于美国东部时间2月27日晚9时，在白宫发表电视广播讲话，宣布多国部队暂停一切进攻性军事行动。至此，地面作战行动于1991年2月28日上午结束，举世瞩目的海湾战争终于实现停火。

战役点评

海湾战争的地面战是美军在20世纪进行的最后一次大规模地面战，也可能是美军最后一次按照传统的战线模式进行的地面作战。在100个小时的战斗中，以美军为首的多国部队突破了伊拉克苦心经营半年之久的"萨达姆防线"，50多万伊军几乎全军覆没。双方不成比例的伤亡数字与伊军惊人的崩溃速度，不仅成就了一段高科技武器的神话，也推动了世界又一次新的军事革命的浪潮。

尽管在战后10余年间，军事技术和作战理论多有发展，新的作战模式也多有应用，但作为装备与作战思想远落后于美国的国家，回眸海湾地面战，研究美军作战特点与伊军失败教训，仍然是非常有意义的。

第5章 家族庞大 成员奇能

坦克作为一种强大的武器，自登上战争舞台以来，随着坦克技术的重大变革，其性能得到了相当的提高。各国军队装备的坦克不断更新，通常按照坦克的发展分为两个大的阶段："一战"和"二战"时期，是坦克初露锋芒、走向成熟到称雄战场的阶段；"二战"结束以来是坦克飞跃发展阶段。20世纪60年代以前发展的第一代坦克按战斗全重和火炮口径的大小，可分为轻型、中型、重型三种。在这之后，许多国家将坦克按用途分为主战坦克和特种坦克。主战坦克是现代装甲兵的主要战斗兵器，用于完成多种作战任务；特种坦克是装有各种特殊设备、担负专门任务的坦克，如侦察、扫雷、喷火、水陆两用坦克等。下面介绍坦克家族的特殊成员。

5.1 庞大家族：个头不一样的"金刚葫芦娃"

轻型坦克是早期坦克的一种类型。是相对于传统中型和重型坦克而言的外形小、重量轻、速度快、通行性高的战斗坦克。通常重10~24吨，火炮口径不超过85毫米，主要用于侦察、警戒，也可用于特定条件下作战。特别是可以在中型坦克难以通行的水网、丘陵、山地等地区执行任务。著名的"94"式超轻型坦克，是20世纪30年代世界上最轻的坦克之一。日本"97"式坦克在入侵中国时被广泛使用，起到了开路先锋的作用。在南京大屠杀、台儿庄会战、武汉会战中，到处都留下了"97"坦克

日本"94"式超轻型坦克

日本"97"式坦克

德国"Pzkpfw"1号坦克   德国"Pzkpfw"2号坦克

罪恶的身影。

　　轻型坦克在历次大战中曾充分发挥过自己快速机动的长处，作为支援步兵的战斗车辆，在战争中发挥了一定的作用。轻型坦克也便于空运、空投和登陆作战。

"M551"轻型坦克

　　进入20世纪60年代，随着主战坦克代替中型坦克参战，轻型坦克在许多国家陆军中都不被作为主要装备，并已逐步演变成侦察坦克、坦克歼击车、伞兵战车和登陆车等。当时装备的轻型坦克主要有美国"M551"轻型（侦察）坦克、苏联"ПТ-76"轻型（水陆）坦克、法国"AMX-13"轻型坦克、瑞典的"IKV-91"坦克歼击车、英国"蝎"式轻型（侦察）坦克等。

　　中型坦克是早期坦克的一种类型，可以说是肩挑重任的武二郎。西方认为中型坦克重25～42吨，苏联人认为中型坦克重28～42吨。中型坦克是比较灵活的多用途坦克，火炮口径最大为105毫米。如德国的"三"号、"四"号、"豹"式坦

機甲金刚之"M551"轻型坦克

　　亦称"谢里登"坦克，美国20世纪60年代初研制，1962年底制成首批样车并于1963年初交付部队试验，到1967年才部分装备了美国装甲骑兵（侦察）营。1966～1970年，美国总计生产该坦克达1700辆，主要供装甲兵侦察部队和空降师使用，同时也在联合兵种作战时为主战坦克不能展开的地区提供火力支援。

德国"四"号坦克

德国"豹"式坦克

美国的"M4谢尔曼"中型坦克

苏联"T-34"中型坦克

克，美国的"M4谢尔曼"型坦克家族、苏联的"T-34"型坦克家族。

中型坦克是比较灵活的多用途坦克，能够胜任如侦察、支援、甚至攻击等多种角色。最重的中型坦克达到40吨，装甲厚度达到80毫米（炮塔正面装甲甚至达到160毫米）；最快的中型坦克能够达到65千米/时。

通常来说，中型坦克同时拥有强大的火力，但要弱于重型坦克、自行反坦克炮、自行火炮。虽然大多数的中型坦克速度和机动性很优越，但更多时候，他们被用于战场支援作战。某些中型坦克可能速度比较慢，而且炮塔旋转速度缓慢，但他们拥有更厚重的装甲和先进的火炮，成为己方最有力的移动火力平台。

当本方没有轻型坦克时，中型坦克是最有效的侦察兵。在摧毁敌方侦察兵尤其是轻型坦克时，中型坦克是最有效的战士。中型坦克体形较大，与轻型坦克相比，侦察效果并不理想。但是他们大都拥有强大的机动性，能够利用敌方防御的薄弱环节，准确锁定、摧毁自行火炮。无论是侧翼包抄，还是为本方坦克提供火力支援，中型坦克依靠其出色的机动能力完全可以胜任。

进攻作战中，中型坦克一般处于本方重型坦克的后方或侧翼，在找到敌方防守薄弱点后再进行突击。两辆一起进攻的中型坦克在面对敌方一辆重型坦克时拥有很大的优势，一辆中型坦克用来吸引敌方注意力和炮火，另一辆迂回到目标侧翼进行攻击。

当独立面对敌方重型坦克时，中型坦克可以利用自己的速度优势环绕敌人进行机动，使对方无法瞄准自己，即可以消灭敌人或者依靠本方自行火炮来对其进行攻击。总之，中型坦克的团队战斗力是非常强悍的，不应该被忽视。

重型坦克重42～80吨，属于皮糙劲粗的大哥大。车体装甲厚，抵御炮击的能力强。火炮口径有88毫米、90毫米、100毫米、105毫米、107毫米、120毫米、122毫米、128毫米、130毫米等。重型装甲和强力火炮，使每一辆重型坦克都是一

"T-55"主战坦克

机甲金刚之"T-55"主战坦克

该坦克主炮威力一般，如果操作人员使用得当，还是可以重创敌人的。该坦克机动性上佳，具有在当时堪称革命性的设计，其悬挂系统性能优秀可靠，使得"T-55"可以毫不费力地穿山越岭。总的来说，虽然苏联这个坦克不是什么高科技产物，但是相比欧美第一代主战坦克，其综合性能是最好的。

第5章 家族庞大 成员奇能

苏联"KV-2"重型坦克

德国"虎"式重型坦克

"虎王"重型坦克

"鼠"式重型坦克

股不容忽视的力量。炮管长，攻击力强，主要用于支援中型坦克战斗，是战场上扭转战局的关键。世界著名重型坦克代表：苏联的"KV-2"、德国的"虎"式、"虎王"，等等。

庞大的身躯和缓慢的移动速度，使得重型坦克难以担任侦察任务。重型坦克适合率先发起正面攻击，或者抵挡敌方主力进攻。由于重型坦克速度慢，无法在战场上进行大范围的移动，难以在不同方向参与战斗。重型坦克的炮塔转动速度通常比中型坦克要慢，尽管自身很强大，但当面对快速灵活的中型坦克时，重型坦克无法快速旋转炮塔进行瞄准，这时它是十分脆弱的。因此，重型坦克必须保持适当的移动，以防止被敌方多个较小且灵活的坦克所纠缠。重型坦克尽管有着厚重的装甲，但顶部、底部、后部装甲就比较薄，很容易被击穿。

英国"丘吉尔"步兵坦克

英国"土龟"重型突击坦克

5.2 两栖坦克：会游泳的"铁霸王"

两栖坦克又称为"水陆两用坦克"，意指"无须使用辅助设备即能通过水障碍的坦克"，部分轻型坦克及经改造的中型坦克也有此功能。装甲战车能够在水上快速行驶，就可以提高登陆部队从舰船到岸边的推进速度，保障作战行动的连续性。两栖坦克属于特种坦克的一种，可在江河、湖泊甚至浅海水面行驶。多用于登陆、沿岸警戒，凭借其强大的机动性发挥作用。中国、美国、俄罗斯等国均装备有两栖坦克。

通常这种坦克具有三种行驶模式，即水上高速行驶模式、水上过渡行驶模式、陆上行驶模式。

水上高速行驶模式是指在水上高速行驶时，各部位滑板操作的过程。在行驶前，车首滑板向前撑开，液压控制的履带略为回收；两侧滑板则向外翻，盖住履带下缘，履带前方也有盖板挡住，以免高速行驶时履带与水面接触产生巨大阻力；车尾滑板放下来，在高速行驶时可发挥撑起车尾的功用。

水上过渡行驶模式是指在水上由低速转为高速或由高速转为低速行驶时，各部位滑板操作的过程。以登陆前的最后行驶阶段为例，其两侧滑

第五章 家族庞大 成员奇能

板、车尾滑板和履带盖板必须先行收起，以便于登陆后履带的操作；由于履带这时伸出并与水直接接触，阻力增大，发动机功率也减小，行驶速度将下降。

陆上行驶模式是指在地面行驶时，各部位滑板操作的过程。这时所有滑板都收起，车辆呈陆上行驶状态。

"二战"时，德军在法国的诺曼底半岛布置了强大的炮兵部队，企图阻挡盟军登陆。盟军统帅部经过周密策划，决定出动水陆坦克去偷袭诺曼底的滩头阵地。1944年6月7日，英吉利海峡狂风呼啸，海浪汹涌，天气非常恶劣。德国兵龟缩在碉堡内，连哨兵都躲进了战壕。可是谁也没想到，盟军就是利用了这种坏天气作掩护，开始了攻击诺曼底的行动。

中国"63"式水陆两栖坦克

在海面上，盟军的水陆坦克忽沉忽浮，正在悄悄向诺曼底逼近。很快，水陆坦克爬上了诺曼底海滩，敌人还没察觉，水陆坦克就先发制人，开炮向德军阵地射击。顿时，德军阵地上的大炮被炸得四分五裂。德军惊魂未定，水陆坦克

潜渡的"豹2"坦克

已冲上了德军阵地，坦克兵用机枪向德军猛扫，德军死伤无数，剩下的四处溃逃。很快，滩头阵地被盟军攻克。盟军的登陆艇随后驶向海滩，在水陆坦克的掩护下，攻占了诺曼底。

两栖坦克是靠自己的浮力漂在水面上的，然后靠自己的另一套独立的推进器前进。这种坦克一般可以在任何水域里行动。而另一种坦克，也就是我们说的中型坦克就不能靠自己的浮力漂在水面上了。但中型坦克可以在自己的发动机上加装长长的进气管和排气管，在5～6米深的水里（两根管子要露出水面），靠自己的履带在水底前进。由于受管子的限制，所以一般不能涉水太深。目前的坦克主要就是这两种下水的方法。

潜渡是坦克渡越江河的好方法，这样行动比较隐蔽而且安全，可以快速地机动和赢得战机。目前，大多数主战坦克都配备了制式潜渡装置，潜水深度大约5米。

5.3 架桥坦克：开山破障的"急先锋"

架桥坦克又称装甲架桥车，是完成工兵任务的特种坦克。主要用于在敌火力威胁下快速架设桥梁，保障己方坦克及装甲车队安全通过反坦克壕沟、天然沟渠及河流等障碍。

坦克架桥车最早是由英国人在1918年设计的。是以制式坦克车体底盘为基础，去掉炮塔，代之以制式车辙桥以及架设和撤收机构发展成的装甲车辆。当时的车辙桥主要有前置式、翻转式和跳板式三种类型。当架桥坦克行驶到河边，便能把折叠的钢桥一头举起，然后，将折叠的钢桥一节节地放开，桥梁的另一头就架到了水中，20多米长的浮桥便在河上架起。一辆架桥坦克架完桥后，另一辆可以接上前一段浮桥。一辆接一辆，一座战地浮桥就这样架成了。步兵、坦克、火炮、车辆可以从浮桥上通过，顺利

实施架桥作业的架桥坦克

地渡过江河。

"二战"之后，坦克架桥车性能显著提高，出现了以剪刀式和平推式为主的新型坦克架桥车。大部分装甲架桥车需要在敌人的炮火下进行作业，因此大部分是以坦克改装而成，车体装有架桥装备。

目前各国部队服役的装甲架桥车，一般以坦克底盘为基础，去掉炮塔后安装一组折叠式金属机动承载桥。这种车辆的主要特点有三个：一是机动性好。由于采用制式坦克底盘改装，所以机动性能与坦克相仿，同样具有50～60千米/时的最高速度，与坦克相似的最大行程以及越野、爬坡、涉水、克服障碍等方面的能力。由于具有良好的机动性，架桥坦克可随坦克、装甲车队一起行军或转战，战斗保障能力较强。二是防护能力较强。由于采用坦克底盘，所以乘员有装甲防护。在桥梁展开、架设及撤收过程中，人员无须走出车外，在车内通过电气设备操纵液压驱动机构即可完成。为了防御敌步兵和飞机的骚扰与攻击，架桥坦克上一般装有机枪、高射机枪等自卫兵器。三是架桥速度快。架桥坦克2～5分钟能在水平或10°～15°坡度上架设一座12～25米跨度的桥。

在中东战场上，以色列军队曾利用架桥坦克，在苏伊士运河上架起浮桥，以军顺利渡过苏伊士运河，偷袭了埃及军队。

5.4 空降坦克:搭乘飞机的"带刀行者"

空降坦克是一种可通过航空器空运,并具有空降能力的轻型坦克,多采用低空伞降、运输机或直升机机降的方式进行空降。它是空降兵的重要机动武器,可以引导伞兵或支援伞兵迅速穿插,突然抢占敌方的军事要地,也可以作为活动火力点和伞兵组成防御体系、扼守已攻点和军事要地,并为伞兵提供防护和乘车战斗的条件。所以通常装备于空降部队和快速反应部队。

英国"领主"空降坦克

早在1920年,英国陆军提出了用伞兵部队进行"垂直包围"的新战役理论。随后,德、苏两国率先将这一理论应用于实战:1940年4月,纳粹德国伞兵部队在挪威发动了空降作战;十个月后,又在比利时埃本-埃美尔要塞进行了空降行动并迅速取胜;1940年6月,苏联军队运用伞兵和空降坦克迅速攻占了罗马尼亚的比萨拉比亚地区。这一系列事件向人们表明,一种崭新的作战

美制"M22蝉"式空降坦克

方式——空降作战开始登上历史的舞台。

俗话说：工欲善其事，必先利其器。发展空降装甲装备的先驱是苏联人。苏联人最早使用的空降坦克为"T-26"坦克的改进型，可挂载在"高尔基"重型轰炸机的机腹下。"二战"前夕，"AH-IV"及"R-1"轻型坦克十分轻小，可通过飞机空运，因此成为世界上最早装备部队的空降坦克之一。此外，英国人也在"二战"前研发了"领主"轻型空降坦克。苏、德两军对伞兵和空降坦克的运用强烈地震撼了美国人，他们也开始研发新型空降坦克——"T9"轻型空降坦克。从外观上看，"T9"轻型空降坦克几乎就是"M4谢尔曼"中型坦克的"迷你"版。

用滑翔机空运的"领主"坦克

1944年6月5日午夜，英军和美军出动了239架运输机和867架滑翔机，将3个空降师空降在法国诺曼底。其中最引人注目的是20架硕大的"哈米尔卡"重型滑翔机，它们装载着英军第六空降师第六空降装甲侦察团的20辆"领主"空降坦克。这些坦克还参加了1945

从"哈米尔卡"滑翔机中驶出的"M22"坦克

年3月24日发动的莱茵河空降战役。

是役，英军第六空降师使用"哈米尔卡"滑翔机装载8辆"M22"实施空降，其中数辆"M22"在着陆的过程中损毁，还有1辆被德军的一门自行火炮击毁，最终只有2辆"M22"坦克到达了预定的集结地点并参加了战斗。这2辆"蝉"（"蝉"是英军士兵给"M22"空降坦克起的绰号）和"领主"一道为英军第六空降师提供了有力的支援，英军对其评价远远超过了"领主"。据称，有一辆"M22"在着陆后从伊塞尔河大桥一路杀到哈明克尔恩镇，先后摧毁了十余处德军火力点并歼灭了百余名德军士兵。但这也是"蝉"最后的辉煌了——到1945年5月欧洲大陆的战事落下帷幕后，"M22"就没有用武之地了，况且它的性能也已经过时了。

第二次世界大战结束后，遗留在英国的"蝉"式空降坦克多数被拆解并回炉炼钢，部分被转交给比利时军队，并被作为"M4谢尔曼"坦克团的指挥坦克使用；此外还有好几个连的"M22"最终落入埃及军队手中。总的来看，"M22"轻型空降坦克的机动性不错，但火力明显不足，装甲防护力也较差，再加上空运麻烦（需要拆下炮塔），种种先天缺陷限制了它在实战中的运用。在"二战"后，美国陆军对空降坦克的兴趣也就到此为止了。

但是与苏、德、英等国（他们的空降坦克都是从普通轻型坦克改进而来的）相比，"M22蝉"式是世界上第一种专门设计的空降坦克，在设计之初就在火力、机动性和装甲防护方面充分考虑了适合空降作战的需要，这对以后世界各国空降坦克的开发具有重要的参考价值，并产生了深远的影响。

1947年，苏联曾研发过一款代号为"T34"的空降坦克（与"二战"中大名鼎鼎的"T-34"中型坦克没有任何关系），随后苏联对空降坦克的研发工作就沉寂下来。直到1950年，苏联空降兵部队才装备了"ASU-57"空降自行火炮。

第三章 家族庞大 成员奇能

如今，空降坦克作为伞兵部队和快速反应部队的重要装备之一，能够迅速被空运到世界各地，立即介入各种突发事件，使拥有"陆战之王"美名的坦克"如虎添翼"。

5.5 扫雷坦克：恪尽职守的"清道夫"

扫雷坦克就是装有清除地雷装置的坦克，用于战场上排雷开路任务。而扫雷坦克上的扫雷器种类很多，有挖掘式扫雷器、滚压式扫雷器、打击式扫雷器、爆破式扫雷器等。

由于地雷品种增多，其抗扫能力不断增强，使得扫雷难度加大。用单一的扫雷装置很难彻底扫除地雷。因此，一些国家在研制和发展综合扫雷坦克，将爆破、机械、磁性扫雷装置集中为一体，用以扫除不同类型的地雷。更有国家在研发智能化探雷和扫雷系统、装置。

挖掘式扫雷器像耕地用的犁，把埋设在地下的地雷，翻出地面，推向扫雷坦克两侧，便于清除。

滚压式扫雷器像压路机那样滚动，由扫雷坦克拖着，边开边滚，利用巨大的压力，压爆埋设在地下的地雷，将其清除掉。

挖掘式扫雷器

打击式扫雷器利用构造特殊的钢索或链杆，对地面进行打击，引爆埋设在地下的地雷。

爆破式扫雷器利用炸药爆炸，引爆埋设在地下的地雷。

扫雷坦克成了现代工兵的扫雷装备，可随坦克部队一起行进，为坦克部队在雷场中打开通道。

扫雷设备大多可直接安装在战车上，在必要时使用，不需额外编组。中国"GSL-130"扫雷坦克，是我军野战工兵装备的一种重要的战场扫雷装备。该车由基础车、爆破扫雷发射装置、铲式扫雷犁、通路标示装置、电气控制系统和液压控制系统装置等六大部分组成。一次扫雷发射可形成长100米，宽4～5米的安全通道，适用于濒海登陆、山地进攻等战斗中，快速扫除敌方混合反坦克防步兵雷场。

上两图为滚压式扫雷器

打击式扫雷器

扫雷坦克车在实际运用中，并非用于清除整个被发现的地雷区，而是将地雷区清理出一至数条的安全通道，供地面部队人员和车辆安全通过。排除的地雷可能在排除过程中加以引爆，或者是移动到安全的地方之后另外加以处理。由于清理的过程当中，扫雷坦克可能碰触或引爆其他

尚未发现的地雷或者是爆裂物，车辆本身对于底盘和车辆底部的保护需要特别加强，以免轻

可以复合作业的扫雷坦克

易地被地雷或者是爆裂物导致瘫痪而无法完成清除的任务。

5.6 喷火坦克：愤怒燃烧的"火神爷"

喷火坦克是坦克中的"火神爷"。这种喷火坦克内装有大量的燃油，利用压缩空气可将燃油从喷管中喷出，油在管口自动点燃，喷出的"火龙"可远达200米。如苏联的"OT-26"喷火坦克，它是苏联在"T-26"坦克基础上研制的。苏联人将"T-26"左侧炮塔拆除，在炮塔位置下方安装了燃料箱和点火系统，右炮塔安装了火焰发射喷嘴和一挺机枪。"TOS-1"这种由"T-72"坦克底盘改装而来的重型喷火坦克可发射特种燃烧式火箭弹，仅需一辆便可在7.5秒内摧毁一个小型村庄。叙利亚电视台播放的画面显示，政府军使用喷火坦克炮击叛军阵地时，半座山瞬间变成火海，被称为"最凶残的陆上武器"。

在"二战"爆发前的1936年，意大利军队就已经在入侵埃塞俄比亚的战争中，首次使用了由"CV-35"轻型坦克改装成的喷火坦克。1940年德国入侵法国后，德国人突然萌发了对火焰喷射装置的强烈兴趣。1941年6月21日，隆美尔麾下的德国非洲军团强攻托布鲁克要塞，一群喷火坦克将英军苦心经营的暗堡群和机枪阵地搅得七零八落。事实上这只是一种在战场上临时搞出来的武器，是德军第五轻装甲师参考意大利军队的经验，将少量"一"号坦克加装单兵背负式喷火器改装而成的。

难道坚固工事在喷火坦克面前真的不堪一击？英国陆军的态度为之大变。于是弗雷瑟在1942年年初接到陆军部通知，要求他尽快以"丘吉尔MK"坦克为基础加装喷火装置。一条会喷火的"丘吉尔鳄鱼"诞生了，其车尾拖有一架具有装甲的轮式油缸并以喉管连至坦克上，可喷火100米以上，能连续进行约100次/秒的喷火。威力惊人！英国人为了提高射程，还发明了一种新的方法：先喷一次不着火的燃烧剂，这样能喷得更远些，燃烧剂还能到处飞，然后再喷下一次点着。

1943年年底，首批"鳄鱼"虽然已经做好战斗准备，而围绕其战术使用的争论却仍在继续。一些人认为应该把喷火坦克分散配置到各个突击部队中；另一些人则坚持，如果要让"鳄鱼"发挥最大作用，那就必须集中使用。争论的结果导致了一种模糊配置："鳄鱼"在编制上集中到一个单位里，在实战中则分散开来。喷火坦克的战

机甲金刚之"TO-55"型喷火坦克

这是苏军20世纪80年代装备的一种喷火武器。主要用于在地面近战中，摧毁敌工事、车辆和人员。外形与"TO-55"型坦克相似，只是在车炮塔部位的机枪位置由喷火枪取代了机枪。坦克内装有一套"ATO-200"型喷火器，喷火器由喷枪、气体活门、阀门体、油瓶、油料点火管和火药点火管转鼓、油箱及操纵板等组成。

"TO-55"型喷火坦克

术任务就是伴随步兵部队战斗。

在卡昂攻坚战的最后时刻，英国步兵被设在通往市区主干道上的一座碉堡死死压制，伤亡惨重。该部的战时日志悲观地记录着："每一辆试图突破的坦克都被炸开了花。"第二天，这些步兵看到了一辆"鳄鱼"，随后越来越多，大约有20辆。他们最终合力把这个"内有一门88毫米炮"的"大障碍"给清除掉了。同一份日志里出现了这样的兴奋记录："这种坦克能把任何东西点燃！好在它是我们这一边的！"

而对"那一边"的人来说，遭到烈焰喷射的经历是极为恐怖的。据说许多碉堡中的德军士兵，只要看到它就举白旗投降了。"鳄鱼"的发射准备过程费时较多，开阔地上的敌人还有可能抢先逃离，但碉堡或堑壕里的敌人就只能等死了。火焰喷射经常造成重大伤亡，人要么被烧焦，要么窒息而死，活下来的人也差不多崩溃了。后来，德军听到坦克和拖车发出的"吱嘎"响声和喷射火焰时特有的"咝咝"声就会神智失常。

喷火坦克可用于对付成片冲锋的士兵，也可用来摧毁敌方的防御阵地工事，烧毁碉堡等。喷火坦克用喷火器代替火炮，但也有既装火炮又装喷火器的，如苏联的"OT-26"喷火坦克。由于作战模式转变加上喷火器的使用有其限制，这种坦克越战后逐渐式微。

苏联的"OT-26"喷火坦克

但火药技术的进步使得纵火可用火箭达成，俄罗斯曾设计了一款在"T-72"的底盘加上多管火箭发射器的纵火战车（"TOS-1"）。俄军更习惯称其为"重型喷火坦克"。之所以称"TOS-1"为"喷火坦克"，主要是因其使用的特种燃烧式火箭弹。火箭弹内所装燃料为新型化工制品三乙基铝，其遇空气自燃，遇水爆炸，土掩后外露部分仍能自燃，而且还能填充云爆剂，作为燃料空气炸弹使用。据俄罗斯《军事检阅》杂志披露，仅用一辆"TOS-1"齐射全部火箭弹，在7.5秒内就可摧毁一个小型村落或较大范围的集群目标。

5.7 主战坦克：当代装甲家族的"掌门人"

20世纪60年代开始，各国将原来的轻型、中型、重型坦克重新分类。中型坦克和重型坦克一般是各个国家装甲部队的主力，因此被称作"主战坦克"或"主力战车"。主战坦克的出现受到各国军事部门高度重视，是真正的豪门剑客。

豪门剑客："豹2A7"巷战坦克

巷战坦克是"冷战"结束以后，西方主战坦克研制领域提出的一个新概念。它是西方国家在总结两次车臣战争、伊拉克战争、巴以冲突中坦克使用经验的基础上，对现役主战坦克所做的技术革新与设计思想革新。

目前各国推出的巷战坦克改进型中，德国"豹2A7"主战坦克最具有代表性。在"冷战"结束后爆发的局部战争中，坦克经常需要在城市、村镇环境下作战。在车臣战争中，俄罗斯性能高端的"T-80"主战坦克在格罗兹尼的城市战环境中损失惨重，类似的情况不在少数。所以在装备方面，就要依据城市战的需求，升级现役的主战坦克。

"豹2"是德国研制的第三代主战坦克。车体和炮塔由间隔复合装甲制

"豹2"坦克

机甲金刚之德国"豹2"坦克

    该坦克1979年开始装备德国陆军部队,除德国装备2000余辆外,荷兰装备了445辆,瑞士已装备380辆。"豹2"配用涡轮增压多燃料发动机、液力传动装置和扭杆悬挂装备;车内安装了超压集体式三防通风装置和自动灭火装置,配装有16具烟幕弹发射器。火控系统包括数字式弹道计算机、带激光测距仪和热像仪的炮长主瞄准镜及火炮随动装置等。

成,车体分为3个舱,从前至后依次为驾驶舱、战斗舱和动力舱。驾驶员位于车体右前方,有1个向右旋转开启的单扇舱盖和3具观察潜望镜,其中中间1具潜望镜可以更换成被动夜视潜望镜。驾驶舱左边的空间储存炮弹。炮塔在车体中部上方,车长和炮长位于右边,装填手位于左边。炮塔后部有一个可储存一部分炮弹的大尾舱;炮塔顶上有两个舱盖,右边一个是车长舱盖,左边一个为装填手舱盖;炮塔左边有一个补给弹药用的窗口。

    火控系统是由机械、光学、液压和电子件组成的综合系统,因采用稳像式瞄准镜,火炮液压伺服系统随动于瞄准镜。该综合系统通常被称为指挥仪式火控系统,由于是稳定质量较小的瞄准镜并设有位置和速度复合电路,因而具有易于稳定和很高的行进间对运动目标的射击命中率。

    "豹2"主战坦克的设计把乘员生存能力置于20项要求之首位,车体和炮塔均采用间隙复合装甲,车体前端呈尖角状,增加了厚的侧裙板,车体两侧前部有3个可起裙板作用的工具箱,提高了正面弧形区的防护能力。炮塔外轮廓低矮,防弹性好,设计时考虑了中弹后的二次效应防护问题，将待发弹存于炮塔尾舱，并用气密隔板将弹药与战斗舱隔离。乘员4人，战斗全重55.15吨。车长（炮向前）9.668米，车体长7.722米，车宽（带裙板）3.7米，车高（至炮塔顶）2.48米。

主要武器是1门120毫米滑膛炮，用电渣重熔钢制成，炮管寿命650发，配用尾翼稳定脱壳穿甲弹和多用途破甲弹。发射穿甲弹，最大有效射程3500米，弹药基数42发，弹药可与美军的"M1A1"坦克通用。辅助武器有1挺7.62毫米并列机枪和1挺同型号同口径的高射机枪。

主要特点是：（1）它是西方第一种装备120毫米滑膛炮的坦克，通过改进武器和弹药增强了坦克火力。在2000米距离上能击穿北约三层重型靶板，具有较强的穿甲威力。（2）坦克射击精度高，反应快，并且具有全天候作战能力。其先进的火控系统大大缩短了反应时间（仅需10秒），并提高了火炮的首发命中率。当它以30千米的时速对2000米距离的运动目标射击时，首发命中率高于50%。（3）在加强机动性的同时，提高了战场生存能力。（4）便于维修保养和后勤供应。

"豹2A7"是其改进型，战斗全重达67吨，作为目前世界上现有的最先进的城市战主战坦克，其技术特点体现了现阶段城市战的现实需求。其采用的是44倍口径120毫米滑膛坦克短管主炮，可有效降低坦克的整体尺寸，便于其在城市的有限道路中机动。

其次，"豹2A7"的另一大技术特点是首次将遥控武器站作为坦克最初的原装装备，与高度机动的反坦克小组的运动步伐同步。在"冷战"时期的低烈度战争、不对称战争、治安战中，坦克在一定程度上恢复了以往"步兵坦克"的理念，是依据战争实践做出调整的典型例子。因此，客观地说，出现巷战坦克是主战坦克技术的一次"逆向发展"。

豪门剑客："T-14阿玛塔"

海湾战争后，坦克的发展陷入了20多年的停滞。"阿玛塔"作为战后

第5章 家族庞大 成员齐能

第一种正儿八经的第四代主战坦克，有军事观察家认为，它可能以其革命性的无人炮塔而被载入坦克史册。俄罗斯"T-14阿玛塔"主战坦克是当前世界上唯一一款第四代主战坦克。"阿玛塔"重型履带通用平台包括了"T-14"主战坦克、"T-15"步兵战车、"BM-2"火箭炮、"2S35"自行榴弹炮、"T-16"装甲维修车。其中"T-14"主战坦克是车族的重点，也是俄罗斯陆军在21世纪最重大的车辆研发工程。

"T-14"主战坦克初期生产型战斗全重48吨，采用125毫米口径滑膛炮，还安装一套遥控无人武器站系统，可以射击人员及轻装甲车辆。从外观上来看，与"T-72"、"T-80"使用的"2A46"型125毫米滑膛炮最大的不同是取消了身管中部的火炮抽烟装置。

最大的技术革新，是采用无人炮塔射击。自

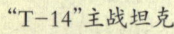
"T-14"主战坦克

动装填机与俄系第三代主战坦克类似，是装在炮塔下方的盘型结构，主弹药储藏在车体内部。该车完全计算机化，只需要两名操作人员。据报道，坦克的瞄准是通过一个有源相控阵天线和大量的多种传感器完成。在火力方面，"阿玛塔"采用了全新的"2A82"型125毫米坦克炮。

动力系统采用"X-12"系列"A-85-3A"水平对置柴油机，额定输出1500马力。该引擎在高温环境下，可以降低工况以保证运行良好，最大功率也降至1200马力。未来的"T-14"有可能换用"X-12"系列柴油机的最新型号，最大功率有望增至2000马力。但这并没有实现早期规划中的全部，其诸多关键技术很可能较之西方现有坦克并未实现超越。

"T-14"主战坦克无人操控转动炮塔上的125毫米口径"2A82"型滑膛炮产生的炮口能量，是德国莱茵冶金公司生产的120毫米"L55"型滑膛炮产生的炮口能量的1.17倍，而后者安装在了德国"豹2"主战坦克的最新型号上(美国"M1A2艾布拉姆斯"主战坦克上使用的是性能较差的老款"L44"型的"RH"120毫米滑膛炮)。俄罗斯的这款火炮比德国制造的火炮短约60厘米，而这是一个很大的优势。

"阿玛塔"系列主战坦克的"Afghanit"主动防御系统，使用的是一个能作360°探测的主动阵列雷达，可以同时跟踪半径近100千米范围内的40个地面目标和25个空中目标。报道说，它可以自动发现和打击长度只有约合30厘米的目标——如一发来犯的反坦克炮弹。

"Afghanit"主动防御系统包括一个威力强大的电子战系统，用以破坏来袭炮弹的制导系统。同时它还有一套电子对抗组件，以干扰敌方的激光制导系统。此外，这款坦克还为"Afghanit"主动防御系统装备了拦截装置，上面配备的是爆炸成型穿透弹。这就意味着，"阿玛塔"的"Afghanit"主动防御系统具有有效对抗甚至是动能穿甲弹的潜力。

在战场得以存活的最佳方式首先是不被发现。因此，俄罗斯人采取了许多措施减弱坦克雷达和红外装置的信号特征，这样，坦克就更难被发现和跟踪了。

豪门剑客："M1A2SEPV3"主战坦克

"M1艾布拉姆斯"主战坦克是美军现役的主力坦克。"M1A2"是美军"M1A1"第二阶段的改进产品，是典型的第三代主战坦克，并部分具有第四代坦克的某些特征。配用指挥仪式火控系统，车体和炮塔正面、车体两侧裙部采用了高强度复合装甲。

"M1A2"坦克乘员4人，战斗全重63.5吨，车长9.828米，车宽3.657米。120毫米滑膛炮配用高密度、强破坏力的贫铀尾翼稳定脱壳穿甲弹和具有破片爆炸效果的多用途弹，弹药基数40发。火控系统包括车长独立热像仪，带二氧化碳激光测距仪和热像仪的炮长稳像式瞄准镜等。其中二氧化碳激光测距仪比普通激光测距的范围更大，穿透烟幕和烟尘的能力更强；驾驶员的热观测仪使其视野扩大，夜视能力提高。该坦克最大行程426.6千米，最大行驶时速67.6千米，越垂直墙高1.067米，爬坡度31°，涉水深1.219米。

"M1A2"坦克的主要特点是：（1）车内安装了综合信息通信设备、自身位置标定和导航装置，大大提高了坦克的指挥控制能力和在生疏地形上的机动能力。（2）火控系统配备的车长独立热像仪具有猎潜式瞄准镜的目标捕捉能力，大大提高了坦克在暗夜和烟幕等能见度不良条件下与敌交战的能力。（3）坦克炮配装最新一代的强化贫铀尾翼稳定脱壳曳光穿甲弹，使"M1A2"具有比"M1A1"更强的杀伤攻击威力，攻击能力提高54%。（4）具有非常强的装甲防护和生存能力，防御能力提高100%。（5）与"M1A1"相比，配备了控制和监视发动机性能的数字式电子控制装置，改善了燃油经济性。

"M1A2"在"M1A1"基础上进行了近40项主要改进，目前没有经过实战应用。作为地面作战的综合兵器，它具备在击毁性、生存性、机动性和适应性方面的综合性能，在现代战争中将占有较大优势。"M1A2"下一步可能安装140毫米大口径远射程滑膛炮，配装自动装弹机，使坦克乘员减少为3人。"M1A2"的各主要系统正向着智能化的方向迈进，"M1A2SEPV3"主战坦克作为"M1"系列的最新改进型，代表了当前美国坦克设计和制造的最新技术、最新理念。

"M1A2SEPV3"主战坦克主要有三个改进方向：

1. 进一步提高信息化和网络化水平。

"M1A2SEPV3"升级了第三代车际信息系统、旅级战斗指挥系统。在整个装甲部队内实时传送己方、敌方坦克的位置和行动数据。信息化装备方面的另一个重要改进，是增设了ADL弹药数据链。这是为配用"XM1069"多用途弹（"AMP"）而准备的观察—瞄准—制导数据链系统。观瞄系统方面，"M1A2SEPV3"采用双色第三代的红外热像仪。

2. 换用新型弹药，升级火力。

美国的第五代120毫米穿甲弹——

"M1A2SEPV3"所采用的新作战单元、分系统示意图

"M829A4"（"AKE"）为贫铀材质，目前还不允许出口，使用者暂时只有美军，配用可编程引信。"XM1069"的智能引信存在三种模式，炮弹发射前须通过ADL确定。坦克乘员可通过数据链路控制引信装订，通过点击鼠标就可完成。如果对付硬目标，引信将以弹头触发模式作用；对付软目标将以空炸模式作用。

3.进行特殊的改进，以适应"冷战"后的巷战、治安战环境。

为增强巷战能力，"M1A2SEPV3"装备了"LP CROWS"遥控武器站，具有更高的遥控精度和更高的可靠性。实际上，"XM1069"多用途弹也是一种为近距离巷战准备的弹药，它在500米以内对人员、轻装甲车辆、建筑物具有极高的毁伤效应，而且反应极为迅捷。

"冷战"结束多年后的今天，有能力研发主战坦克的国家尤其是西方国家，主要立足于改进与提升现有坦克，虽然放缓了对新一代坦克的研发脚步，但新一代坦克的研发从未停止。

第6章 冤家对头 反坦武器

坦克与反坦克的矛盾一直是一对螺旋上升的课题。一系列反坦克武器被开发出来，坦克自身的战斗力又与日俱增。坦克诞生已有百余年，那么在这百年当中又拿什么对付坦克呢？

6.1 王者对决：坦克战

坦克是不可缺少的地面突击力量，其灵活的机动性和强大的火力使它成为一座移动的钢铁堡垒。索姆河战役中，在德军士兵因为恐慌而失利的同时，军需总监鲁登道夫则看出协约国是因使用坦克奇袭而取得了成功。于是他和德军总参谋长兴登堡元帅一起想到了对付英军坦克的办法，就是造出更好的坦克。于是就有了之后的王者对决——坦克战。

1943年7月5日，苏德两军在库尔斯克共出动了8056辆坦克，投入了约280万名士兵，空军部队参战飞机超过了2000架，创下史上规模最大的坦克会战和单日最大规模空战。而整个战场中锋芒最耀眼的便是德军的"虎"式坦克。仅在普罗霍罗夫卡，双方直接参战的坦克和自行火炮约600辆。其中德军不到200辆，苏联红军约400辆。战斗打响后，苏德双方几乎是同时发动了进攻，但大量的苏联红军坦克在交战距离以外就被德军击毁。

按照统计数字，1941～1945年，德国在东线损失的坦克和履带式装甲车辆（AFV）32800辆，其中被空中打击击毁的是2300辆。即使是在西线，诺曼底战役的统计也只有6%的德国坦克和装甲车辆是毁于空中打击。因此，"二战"中苏联人的看法还是正确的——最好的反坦克武器就是坦克。有人说过："对付一名狙击手，最有效的办法就是派出一名比他更高明的狙击手。"这样的理论也同样适用于坦克，因为最好的反坦克武器，就是坦克！能够与王者对话的只有王者。

无敌铁拳：长身管的坦克主炮

坦克炮用来歼灭和压制敌人的坦克装甲车，消灭敌人的有生力量和摧毁敌人的火器与防御工事。坦克炮是由小口径地面炮演变而来的一种大于40倍口径的长身管的加农炮，初速大，动能大，射角小（不超过45°），弹道低伸，便于直接瞄准，射击精度高，能远距离穿甲，适于平射打坦克、装甲车等活动目标和突出地面的目标。

由于坦克的装甲车体坚固，稳定性好，所以可装载大口径的火炮。在相同条件下，火炮的口径大，炮弹粗，药筒装的发射

我国研制的新型坦克炮

药多，初速大，因而威力就大，也就是说火力强。

那么，是不是口径越大越好呢？不是的。因为火炮口径越大，在其他条件相同情况下，整个火炮、炮塔座圈、炮塔都要加大，因而会使坦克加宽加重，不便于机动和铁路运输。并且，大口径的炮弹很重很长，不容易实现自动装填，人工装弹又特别费劲，坦克运动中装弹几乎不可能，炮弹发射后空金属药筒不易处理，因而直接影响发射速度。此外，口径大往往会导致弹药基数的减少。所以，现代坦克炮的口径一般为85～125毫米。

主战坦克的火炮口径为120～125毫米，已被认为达到了极限。美国高机动、灵活性试验车上采用了75毫米的自动机关炮，这是减小口径的趋向。另外，采用电渣精炼钢、利用自紧工艺提高身管强度，以加大膛压，初速可达2000米/秒以上，口径可能减小，但穿甲效能不降低，射速可通过装填自动化提高。另外，电磁炮在美国正处于实验室阶段，一旦可

行，初速可提高到6000米/秒。

现代主战坦克大多采用滑膛炮，如苏联"T－72"坦克、德国"豹2"坦克和美国后期的"M1"坦克等。大多采用滑膛炮的主要原因有四点：一是滑膛炮采用长径比较大的动能弹，因而穿甲能力强。二是管壁较厚，且无膛线，不存在膛线烧蚀问题，膛内阻力小，使用寿命较长。特别是它的发射药装得多，膛内压力大，因而发射初速能大大超过1800米/秒，可以提高尾翼稳定脱壳穿甲弹的穿甲能力。滑膛炮发射破甲弹时，由于弹丸不靠膛线稳定，因而无离心力对聚能射流的有害影响，破甲能力可以提高。三是炮弹无滑动弹带，减轻了弹重。四是适于发射多种弹，如小型导弹、火箭增程弹等。但是滑膛炮只能发射尾翼稳定弹，而且射击距离远时，由于弹丸尾翼受外界因素的影响，射击精度较低。

坦克炮一般安装在可以旋转的炮塔内。炮塔的旋转是通过操纵台或人手，借助动力传动装置或电动液压传动装置来实现的，可使坦克炮有360°的方向射界，即可进行圆周射击和迅速射击，因而火力机动性好。坦克在原地、短时间和行进间，坦克炮都可以射击。坦克炮的威力与坦克的快速运动相结合，使坦克具有"铁甲骑兵"之称。

穿甲矛头：尾翼稳定脱壳穿甲弹

为了增强坦克的火力，各国都在研发各种弹药，其中最引人瞩目的是贫铀穿甲弹。穿甲弹是一种依靠弹丸强度、重量和速度穿透装甲的炮弹，典型的动能弹，是坦克炮和反坦克炮的主要弹种。普通穿甲弹分为尖头穿甲弹、钝头穿甲弹和被帽穿甲弹。现代穿甲弹弹头很尖，弹体细长，采用钢合金、贫铀合金等制成，强度极高。现代穿甲弹从结构上主要可分为：尾翼稳定脱壳穿甲弹、空心装药破甲弹。穿甲弹的弹丸，都是用比坦克装甲硬得多的高密度合金钢、碳化钨等材料制成的。穿甲弹个个都长着非常坚硬的脑袋壳（即弹头），是坦克、装甲车辆的死对头。如："T-72"的脱壳穿甲弹（20世纪80年代定产）初速可达1800米/秒，可以击穿20世纪70年代的任意一款坦克。

"T-72"的脱壳穿甲弹

除了这两种，还有一种特殊的弹体，叫破甲弹。由于复合装甲和反应式装甲的迅速发展，碎甲弹的效果已经大打折扣了。而现代尾翼稳定脱壳穿甲弹着靶时的动能强大，即使未能穿透目标，击中目标后产生的巨大冲击力也常导致敌坦克乘员的内脏被震伤甚至人休克。因此对于以反坦克任务为主的主战坦克来说，尾翼稳定脱壳穿甲弹便成了最好的选择。20世纪70年代以后，美国研制的贫铀穿甲弹就是尾翼稳定脱壳穿甲弹的一种改进型，使穿甲能力进一步提高。

美军"M829"系列贫铀弹的剖面结构

使用贫铀穿甲弹的"M1A1"主战坦克能在海湾战争的坦克群决战中有出色表现，更证明了这种尾翼稳定脱壳穿甲弹的威力。虽然贫铀弹目前有不可替代的威力，但贫铀弹同样也具有贻害无穷的放射性致病源。

鉴于潜在敌人具有大批量贫铀弹武装能力，我国下大气力在此类武器对等威慑和防护方面开展了相应研究。进入20世纪90年代，中国先后研制了多种钨合金和贫铀穿甲弹。

新型穿甲弹穿深1米的恐怖威力

百步穿杨：在行进中射击

坦克尽管具有高超的越野性能，但车体在行驶中十分颠簸。新型坦克身上都装有火炮双向稳定器，用来保证坦克车体在颠簸中依然可以准确地打击目标。

火炮双向稳定器是由传感器以及执行机构共同组成的，可以在运动中将火炮以及机枪自动稳定在当初指定的方向角以及高低角上，用来保证火炮不受车体震动以及转向的影响。虽然车体也许是尾朝前，头朝后，但是炮管指向目标方向，因此，提高了坦克在运动中的射击精度以及命中率。

射击中的我国某型坦克

6.2 制敌长矛：防御战中的反坦克炮

反坦克炮是主要用于打击坦克和其他装甲目标的火炮，旧名"战防炮"、"防坦克炮"。它的炮身长、初速大、直射距离远、发射速度快、穿甲效力强，大多属加农炮或无后坐力炮类型。反坦克炮的弹道弧度很小，一般对目标进行直接瞄准和射击，可为机动和快速反应部队提供强有力的反坦克火力。

坦克主炮：17磅反坦克炮

76.2毫米的17磅反坦克炮是英国在"二战"时设计和制造的。一般是牵引式的，当然也大量地装备在英国坦克上作为坦克主炮使用，是"二战"期间盟军最有效的反坦克炮。当它使用脱壳穿甲弹（"APDS"）的时候，能对付德国最厚重的坦克装甲。17磅反坦克炮也被装在国外制造的坦克上面，比如"M4谢尔曼"坦克。改装17磅火炮后的坦克取名"萤火虫"，该坦克让英国的坦克部队有了直接对抗德国坦克的能力。

英国17磅反坦克炮开火瞬间

平行射击：德国88毫米高射炮

反坦克炮需要有初速快、弹道平直的特点，而早已发展成熟的高射炮同样具有这样的特点。88毫米高射炮无疑是成功的设计，其赋予弹丸较高的炮口初速，这个特点为它日后成为有效的反坦克武器奠定了基础。德国以88毫米高射炮为蓝本推出了专职进行反坦克的"Pak 43"反坦克炮，最著名的改进型是"42"型88毫米炮，它被装上了"虎"式重型坦克，成为主炮。盟军任何型号的坦克都难以抵挡其正面进攻，"巴巴罗萨行动"中阻挡德军一个步兵师的"KV-2"坦克，便是被88毫米高射炮击毁的。直至"二战"结束，仍没有任何一种盟军坦克能抵挡它的正面一击。

德国88毫米高射炮打坦克的首秀发生在西班牙内战。反坦克弹药与反战机高射炮弹药不同，需要特别研发并装备，88毫米高射炮既然能对英军坦克做出有效的打击，说明在研发时便有此设计，且装备有专用的反坦克弹药。1940年5月，隆美尔指挥的第七坦克师从比利时境内向敦刻尔克高速挺进中，此炮更是表现不凡。

德国"Pak 43"反坦克炮

中国"86"式100毫米滑膛炮

6.3 主动出击：自行反坦克炮及坦克歼击车

使用车辆或人力拖曳的反坦克火力，机动能力严重不足，被发现了很可能被敌军空军及炮兵袭击。于是反坦克火力的车载化成为必需，使用坦克底盘、换装更大威力的反坦克炮——自行反坦克炮应运而生。

豹子伏击："猎豹"坦克歼击车

作为"二战"中最优秀的自行反坦克炮，"猎豹"自行反坦克炮基于"豹式"底盘改装，搭载了"虎王"使用的"KwK43/L71"型88毫米加农炮，机动与火力上佳。"猎豹"坦克歼击车可以在2000米的射击距离上击穿除"IS-2"外所有对方坦克的装甲。

德军规定"猎豹"坦克歼击车只允许用来执行反坦克作

自行反坦克炮

炮口朝向车尾的自行反坦克炮

"猎豹"坦克歼击车

战任务，由集团军指挥。可见，德军是把它当作重要的反坦克武器来使用的。该车的正面装甲的厚度与"黑豹"坦克一样，为80毫米55°倾角的装甲，可以抵御绝大多数盟军坦克的正面攻击，甚至"IS-2"、"潘兴"坦克都无法有效地在较远距离击穿其正面装甲。而"谢尔曼"坦克或"T-34"坦克对它更是无能为力。

快速反应："PTZ-89"自行反坦克炮

"PTZ-89"自行反坦克炮是中国人民解放军的一种自行反坦克炮，也是世界上第一种进入现役的120毫米自行反坦克炮。该炮采用了与解放军新一代改进型坦克基本相同的火控系统，规格上明显比中型和主战坦克轻，全重仅31吨。它的出现弥补了我军大口径自行反坦克炮的空白。此自行反坦克炮主要配属于机械化师的自行火炮团内，兼任中口径自行火炮与反装甲火力，该炮的出现也弥补了解放军陆军当时直瞄反装甲火力的不足。

中国产"PTZ-89"自行反坦克炮开火瞬间

从"PTZ-89"自行反坦克炮的内部结构来看，是典型的自行火炮的结构，装有解放军现役坦克装甲车辆中唯一规格的大口径加农炮。

6.4 空中猎鹰：反坦攻击机、强击机

"二战"后期，由于空中打击手段的崛起，坦克受到的空中威胁越来越大。各国也积极推出俯冲轰炸机、强击机、攻击机来增强对地打击能力。

尖声呼啸："JU-87斯图卡"俯冲轰炸机

在《凡尔赛条约》的限制下，德国被禁止拥有空军。但是，伴随着德国实力的恢复，希特勒宣称不再遵守这个约定。于是，"JU-87"（通称"斯图卡"）俯冲轰炸机于1935年首次试飞，这是世界上第一架具备专业反坦克能力的作战飞机。这架"JU-87"能够垂直向目标进行俯冲攻击，这种轰炸的精确程度远远超过了水平轰炸。德国空军的第一个俯冲轰炸机单位于1937年诞生，并且有一部分"JU87A-1S"交付给派往西班牙执行军事干涉任务的空军部队。"斯图卡"在西班牙优异的表现，终于赢得了德国空军广泛的赞誉。

"JU-87"作为一种出色的俯冲轰炸机，在不少的经典战役中都出色发挥了它的优良性能。

被称为"尖啸死神"的"JU-87"斯图卡俯冲轰炸机

同时，德国又是一个"盛产"王牌飞行员的国家。在列宁格勒战役中，当时驻扎在此的第七俯冲轰炸航空团发挥出色。其中王牌飞行员艾迪·埃特上尉出击50余次，共打击苏军坦克187辆、火炮526门，令苏军损失惨重，被授予铁十字勋章。

中国制造："强-5"强击机

中国空军组建强击航空兵之初，配备的是从苏联引进的"伊尔-10"强击机。在20世纪50年代初解放军在一江山岛等两栖作战中，苏制"伊

"强-5"进行战术轰炸瞬间

尔-10"强击机作战能力突出。后来为寻求后继机型，中国空军下达了超音速强击机的研制任务。"强-5"便是20世纪50年代末开始研制的超音速强击机，其左右翼各一门23毫米机炮，可以用自身挂载的炸弹、导弹、火箭及机炮进行反坦克作战。

疣猪蛙足："A-10"攻击机和"苏-25"攻击机

美军"A-10雷电"（昵称"疣猪"）攻击机有着堪称强悍的对地攻击能力。"A-10"攻击机的前机身内左下侧安装了1门30毫米的"GAU-8"型7管"加特林"式机炮，机炮安装的下俯角为2°。最大备弹量1350发。整个机炮系统重约1.8吨，每分钟可以发射4000发贫铀穿甲弹，在整个海湾战争中，144架"A-10"攻击机出动了将近8100次任务，一共摧毁了伊拉克1000台以上的坦克、2000台其他战斗车辆以及1200个火炮据点，外加部分的雷达设施和机动性高的飞毛腿导弹发射器。

在一次美国空军与保加利亚空军举行的联合训练中，保加利亚的

联合执行任务的"A-10"攻击机和
"苏-25"攻击机

"苏-25"（中文名"蛙足"）与美军"A-10"攻击机比翼齐飞，这两型攻击机因为载弹量大，对地打击能力强而被称为"坦克收割者"。

6.5 树梢杀手：反坦克武装直升机

空中的打击当然不仅仅停留在固定翼飞机上，直升机尤其是专业的现代武装直升机对坦克的威胁更为明显，因为武装直升机可快飞可悬停，同时拥有多种打击和发现坦克的手段，称得上是"树梢上的杀手"。

暴躁雌鹿："米-24"武装多用途中型直升机

"米-24"（北约译名"雌鹿"）武装运输直升机是世界上第一代武装加运输的多用途中型直升机。"米-24"在机头拥有一门双管30毫米机炮，在机翼上可以挂载多种武器，从无制导火箭弹到专用反坦克导弹都可以选择，具有载重大、火力强、装甲厚的特点。不光可以提供直接的强大火

实施战术攻击的"米-24"武装多用途中型直升机

力支援，还可以运载突击分队或后送伤员。

开罐机器："AH-64D长弓阿帕奇"武装直升机

美国"AH-64D长弓阿帕奇"直升机是"AH-64阿帕奇"武装直升机的改进型，被称为"坦克开罐器"。长弓雷达天线安装在主旋翼轴的顶部，可依次将目标信号特性与数据库进行比较，排列出对载机的威胁等级。其携带16枚反坦克导弹或76枚70毫米火箭弹使作战效能倍增，是美国及其很多盟友武器库中最厉害的坦克杀手之一。

"AH-64D长弓阿帕奇"武装直升机

专业反坦："武直-10"武装直升机

"武直-10"是中国第一种专业武装直升机，大大提高了中国陆军航空兵的航空突击与反装甲能力。"武直-10"配备一座旋转式机炮塔，机体两侧武器短翼可挂载反坦克导弹以及空空导弹，采用串列双座式设计。

"武直-10"武装直升机

6.6 自尊克星:专门用来袭击并摧毁坦克的导弹

    反坦克导弹或反坦克制导武器是一种专门用来袭击并摧毁坦克或者其他装甲战斗车辆的制导导弹。反坦克导弹主要由战斗部、动力装置、弹上制导装置和弹体组成。战斗部通常采用空心装药聚能破甲型。导弹的最大速度可超过声速,发射后自主导向目标,破甲厚度可达800~1000毫米,能有效对付外挂反作用装甲的坦克,多用性好,兼有对地对空攻击能力,既可反装甲,也能打直升机。与反坦克炮相比,反坦克导弹重量轻、射程远、精度高、威力大且发射方式多样化,是一种有效的反坦克武器。

美军装备的反坦克导弹

    1943年,纳粹德国陆军为了抵挡苏联红军强大的坦克,在空军"X-4"型有线制导空空导弹方案的基础上,研制了专门打坦克的"X-7"型导弹。1944年9月,基本研制成功,但未及投入使用德军就战败投降了。

    1946年,法国的诺德-阿维什公司开始研制反坦克导弹,1953年前后研制成功"SS-10"型反坦克导弹,并在1956年的阿尔及利亚战场上使用。"SS-10"型是世界上最早装备部队,最早实战使用的反坦克导弹。在20世纪70年代后的多次局部战争中,特别是在中东战场上,反坦克导弹以其辉煌的战绩，证明它是当今坦克等装甲车辆的最大克星之一。此后，反坦克导弹已发展到第四代。

步兵制导：反坦克导弹

在实战中，火箭弹毕竟射程有限且精度不佳，想要让步兵更加有效地进行反坦克作战，还是需要导弹这种武器，尤其是重型反坦克导弹。"陶"式反坦克导弹作为最著名的反坦克导弹一直服役至今，"陶"式导弹系统是现在世界上使用最广泛的反坦克导弹，该导弹广泛部署在美军"斯特瑞克"、"布拉德利"和"悍马"装甲车上。最新版本的"陶"式导弹采用无线电指令链路代替导线制导系统。该导弹也可配备串联战斗部或爆炸成型弹丸，由地面三脚架、装甲车和直升机发射，最大射程为4.5千米。

改进版本的"陶"式导弹

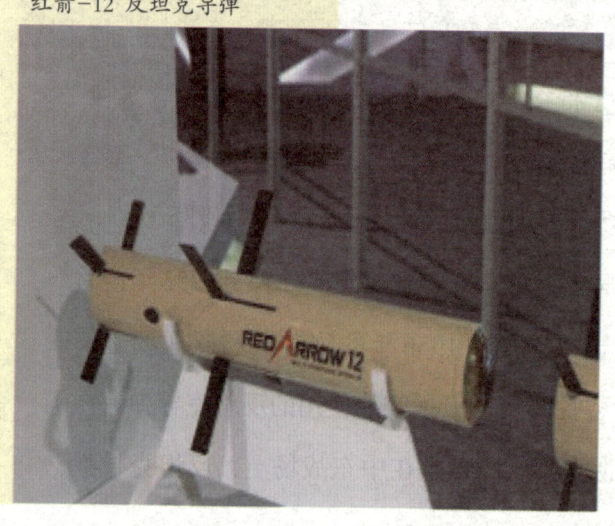
"红箭-12"反坦克导弹

中国"红箭-8"反坦克导弹采用尾舵式弹体，没有弹翼，尾翼兼作舵，适用于超音速的反坦克导弹。制作弹体的材料通常用铝合金、玻璃钢或特种塑料。

"红箭-12"反坦克导弹采用了四片立体弹翼布局和红外成像制导，可以实现发射后不管。因此，导弹在发射之后，射手可以迅速撤离。未来战争对反坦克导弹的首发命中率、抗干扰能力、全天候作战能力等提出了更高的要求。反坦克导弹的发展趋势就是发射后不管、全天候作战能力、自动目标识别以及较强的抗干扰能力等。

单兵装备：无后坐力炮及反坦克火箭筒

对于步兵来说，反坦克计划中最快捷、也是最后的一环——发射无后坐力炮或反坦克火箭筒。这种火箭筒诞生于第二次世界大战期间，是一种发射火箭弹的便携式反坦克武器。当时有两种类型，一种是1942年美国研制的"巴祖卡"纯火箭型火箭筒，另一类型是1943年德军装备的"铁拳"无后坐力炮型火箭筒。

反坦克火箭筒是一种便携式反坦克武器，主要发射火箭破甲弹，也可以发射火箭榴弹或其他火箭弹，用于近距离打击装甲目标、杀伤人员、摧毁工事等。反坦克火箭筒由火箭弹和发射筒两大部分组

反坦克火箭筒

成，诞生于第二次世界大战期间，20世纪60年代是反坦克火箭筒快速发展的时期，各国装备了30多种型号的火箭筒。

在1969年珍宝岛自卫反击战中，中国边防部队使用了85毫米反坦克炮、无后坐力炮、"40"火箭筒和岸上的纵深炮火。最后我军打退了苏军的进攻，还击伤了苏军一辆"T－62"式中型坦克，使这辆当时最先进的新型坦克成了我军的战利品。此后，"40"火箭筒在我军很多部队中服役。

手提火炮："M18"无后坐力炮

"二战"中美军为步兵设计出一种可单人携带的57毫米无后坐力炮。在太平洋战区，官兵们表示新的"M18"57毫米无后坐力炮是一种极为成功的"手提火炮"，能够提供有效的炮火支援。但在朝鲜战争中，"M18"作为反坦克武器则缺乏效率。只有口径更大的"M20"型75毫米无后坐力炮才能来攻击"T-34"。中国人民解放军获取胜利后将这些"M18"和其图纸加以研究，开发出了"52"式无后坐力炮，这种武器被运用在了后来的战争中。"52"式可以同时使用美国和中国的弹药，而"M18"却不能使用"52"式的炮弹。

"M18"无后坐力炮

6.7 昙花一现：失去了装备意义的反坦克步枪

反坦克步枪，旧称战防枪。"一战"中，反坦克枪是专门设计出来击穿车辆装甲的步枪，它最主要的攻击对象就是坦克。在第一次世界大战反坦克中被广泛使用，到第二次世界大战初期，反坦克步枪逐渐失去了装备的意义。值得一提的是，苏军炮兵部队在1941年到1942年期间也装备了大量"PTRD"和"PTRS"反坦克步枪。这是由于大批反坦克火炮被击毁之后的权宜之计。

在具体使用中，以"PZKPFWIII"中型坦克为例，苏军规定了反坦克步枪射击敌人坦克的部位：（1）所有观察窗、舱门和观瞄装置；（2）火炮及机枪等武器装备；（3）车体和炮塔的侧部，所有车轮，履带；（4）油箱以及发动机。

具体的使用条例如下：在任何情况下，都必须准备好待转移的阵地；在一个射击位置最多只能射击5到10发，必须尽快转移；如果所处位置不利于有效射击敌人坦克，立刻隐蔽地转移到敌人坦克阵地侧面或者后部，予以打击；积极配合其他的反坦克小组，了解其具体位置，争取相互弥补火力死角；必须首选敌人坦克的武器装备作为射击目标。其中最主要的两点就是机动与隐蔽。

等到后来情况有所好转，这些炮兵部队才换装了45毫米反坦克炮。反战车步枪被后来的锥形装药武器取代，例如最为人所知的是"巴祖卡"。不过越战出现了新的猎物——武装直升机，反坦克枪也拥有了全新的名字"反器材武器"。

如美国武器设计师朗尼·巴雷特设计了一种大口径半自动狙击步枪——"巴雷特"，可以发射12.7毫米的机枪弹。这种武器经过不断改进，精度更高，威力更强。可以用来狩猎、狙击、反制轻型装甲车、雷达等军事器材，故称反器材武器。需要说明的是，"巴雷特"其实是民用武器。

6.8 专攻防御：反坦克防御武器

守株待兔：反坦克地雷

反坦克地雷是一种用于破坏或摧毁坦克和装甲车及自行火炮等装甲车辆的专用地雷。1916年，坦克的出现导致了反坦克地雷的诞生。德国人在1918年先是将炮弹改装成反坦克地雷，随后又研制了两种制式化的反坦克地雷，获得了一定的战果。在第二次世界大战中，反坦克地雷得到了广泛应用。据统计，在当时被毁伤的坦克中，有20%是反坦克地雷的战绩。

反坦克地雷由TNT炸药、引信和发火装置组成。与反步兵地雷相比，反坦克地雷通常装填有更多的炸药，被足够大的力量触发引信才可以引发爆炸。反坦克地雷攻击类别包括：反履带地雷、反车底及履带地雷、反侧甲地雷、反底甲地雷。虽然如今坦克普遍采用V字形底盘、复合装甲，但反坦克地雷依然可以阻止和攻击敌方坦克部队，割裂敌方坦克队形和瘫痪敌方坦克集群。它是增大己方火力杀伤效果和稳定己方防御态势的有效作战兵器，也是牵制和拦截敌方机械化部队的一种有效手段。

广域智能引信地雷则带有多功能传感器，可对目标的各种物理场进行判定。当坦克进入距地雷半径100米范围时，即由微机控制发射智能子弹药，先以35°仰角将子弹药射出，之后子弹药在空中主动寻找目标，攻击坦克薄弱的顶装甲。战争实践表明，结合反坦克壕、反坦克三角锥以及鹿砦等静态阵地设施，反坦克地雷亦是弱军制胜强敌的有力兵器。

6.9 杀手之锏：反坦克投掷物

既然枪发射的子弹很难击穿坦克，而且即便击穿了也可能会出现后效不足的问题，于是武器设计师和前线的官兵们将注意力放在了火药上，许多以爆炸和燃烧为战斗机理的武器便应运而生。

定向爆炸：反坦克手榴弹

反坦克手榴弹诞生在德国，是一种用于攻击坦克和装甲车辆的手榴弹，其重量威力都大于普通的手榴弹。其原理非常简单，只是用6枚"M24"式手榴弹的弹头绑在1枚手榴弹上，组成集束手榴弹。随着时代的进步，集束手榴弹需要投掷者的力量和技巧，否则难以保证自身安全。于是，专门进行破甲的聚能装药战斗部反坦克手榴弹出现了。一般使用磁性或者是黏性等方式进行定向爆炸，使弹体中的聚能装药融化锥形铜罩来穿透装甲。例如英国"No.74"黏性反坦克手榴弹、埃及的"霍赛姆"反坦克手榴弹、苏联的"RPG-43"反坦克手榴弹、中国的"80"式反坦克手榴弹、"反-43"式反坦克手榴弹、日本的"99"式磁性反坦克手榴弹、"三"式反坦克手榴弹等。

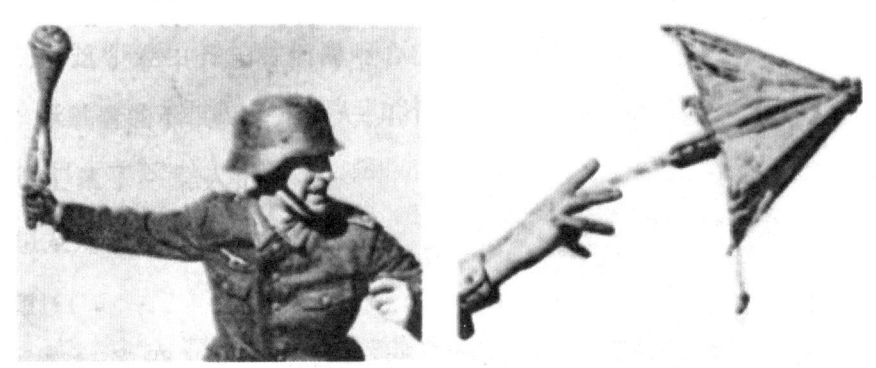

德军士兵在投掷"PWM"反坦克手榴弹

"PWM"反坦克手榴弹的金属外壳内是装满塑胶炸药的布包。外壳上的盖子要在投掷前旋开，配瞬发引信。通常还配有手柄，弹尾有尾翅或稳定伞，以保证命中姿态正确，利于破甲。全弹重1000克左右，垂直破甲厚度可达170毫米，可穿透混凝土工事500毫米以上。

炸药包的作战原理和作战效能比较简单，杀伤机理是使用爆炸来震碎敌军坦克装甲、造成内部装备崩落，甚至可以震晕、震死车组成员，乃至掀翻战车。

不是喝的："莫洛托夫鸡尾酒"

"莫洛托夫鸡尾酒"是土制燃烧弹的别称，是游击队等非正规部队、街头暴动人群的常用武器。其实最早使用土制燃烧弹作为反坦克武器的是苏联人，曾在西班牙内战中应用。后来"二战"中面对着如潮水般的德国坦克时，苏联人又想到了这种可怕的武器。坦克的尾部是防御最少的，又

"莫洛托夫鸡尾酒"的威力

是坦克发动机和油箱所在之处。当"莫诺托夫鸡尾酒"在坦克的尾部燃烧时，会令坦克的发动机过热而抛锚或油缸爆炸。

"莫诺托夫鸡尾酒"作为最便宜有效的反坦克武器，对坦克的效能超过集束手榴弹。后来这种便宜又易于制造的非制式武器被战争双方大量使用，时至今日依旧活跃在一些冲突地区。

6.10 动物参战：最不该使用的反坦克武器

反坦克武器中最没人性的武器，恐怕要数反坦克狗。

冲向坦克的狗战士

1924年，苏联革命军事委员会批准将狗用于军事行动，包括救援、通信、探雷等。很快有12所相关培训学校建立，其中有3座训练反坦克狗。战时，苏军会给每条狗捆上一枚10～12公斤经过改装的地雷。当狗设法钻到坦克底下时，地雷会被拉动而引爆。

不过苏军训练的反坦克狗，打起仗来竟然纷纷跑到苏军坦克下，反而造成了不少苏军坦克的损失。

第7章 钢铁萌宠 王者尴尬

在坦克发展历史中，对坦克性能的研究工作始终以战争实践为基础，力求适应各类的作战环境。适应广泛的战场机动和战斗行动的大前提，也造就了钢铁王者的呆萌与尴尬。

7.1 萌宠"TKS"：奇葩的"小迷你"

在全球坦克大家族之中，波兰的"TKS"系列是比较奇葩的一种。该系列的坦克生产于1931~1939年，最大重量为2.6吨。"TKS"系列坦克总共建造了575辆，其装甲厚度为4~10毫米，大口径的机枪都能把它打穿，而口径稍微大一点儿的炮，可以直接将它轰翻。

"TKS"坦克

这是坦克中武器最弱的版本，仅配备1挺7.92毫米的"哈奇开斯"机枪。虽然是坦克，但同拥有迫击炮和大口径机枪的步兵部队对阵，几乎尝不到一点儿甜头。该坦克高1.32米，而在许多陆军大国的主战坦克面前，这种袖珍坦克也只能是玩过家家了。车组人员总共为两名，一名为驾驶员，一名为车长。这种车，稍微胖一点儿的人坐进去，就会显得特别滑稽。

"TKS"系列坦克的最大速度为46千米/时。波兰人可能也感到这种车的火力太弱，在后期改进型号上加装了20毫米机关炮，甚至还加装了更大的37毫米和47毫米炮，但数量都特别少。该型坦克履带很窄，车身上

萌翻了的"TKS"系列坦克

布满铆钉。虽然总共生产了500多辆，但它们并没有起到太大的作用。

　　1939年，德国闪击波兰，波兰很快战败。除了波兰自己使用这个系列的坦克以外，还有德国、苏联、爱沙尼亚和克罗地亚等国家使用过。

7.2 遥控炸弹：暴躁的"甲壳虫"

　　德国小坦克看起来很萌，其实是威力巨大的杀手。下图中的这个家伙，看起来像一辆可以乘坐士兵的小坦克，然而，它可不是用来搭载士兵冲锋的，而是"哥利亚"履带式遥控炸弹。除了"哥利亚"履带式遥控炸弹这个名称之外，盟军也将它称为"甲壳虫"坦克。

"哥利亚"履带式遥控炸弹及其俯视图

第7章　钢铁萌宠　王者蹿枪

"哥利亚"履带式遥控炸弹是德国在第二次世界大战时期研制的，主要用于摧毁坦克、消灭集群步兵、摧毁建筑物。该爆炸装置携带的高爆炸药有60～100千克。如此大装药量的爆炸装置，再强大的坦克也是浮云。对付坑道内部的敌人，这种装置也非常有用——它可以钻入坑道内部，然后引爆，很多士兵就会被活活地埋在坑道里面。

"哥利亚"履带式遥控炸弹全重370千克，长1.5米，宽0.85米，高0.56米。该型车的最大速度为12千米/时。

这种小型坦克最初是被当作工程车辆来使用，后来用于进行自杀式攻击。只要一个人就可以对它进行遥控操作。

盟军士兵研究"哥利亚"

"哥利亚"履带式遥控炸弹

诺曼底登陆期间，盟军猛烈的炮火使其中大部分遥控坦克失灵。由于连接操作手和坦克之间的线缆非常脆弱，所以发挥的作用很有限。因此可以说，"哥利亚"履带式遥控炸弹技术有很多不成熟的地方，性能也很不稳定。但在战后，这种技术被广泛应用，如用于研制无人车辆。甚至在今天，一些排爆车辆和无人战斗车辆就是在它的技术基础之上发展而来的。

7.3 无炮塔的"S"：可以跪的"大猫"

瑞典"S"主战坦克是当今世界最有特色的坦克之一。它是目前唯一的无炮塔坦克，火炮的方向调整由车体转动和液气悬挂系统来实现。可以趴下来，或者将车身抬上去，这得益于它非常牛的悬挂系统。如果要改变横向的射击角度，只需调整车头的方位，火炮的射角调整就完成了。火炮为博福斯公司的105毫米"L/62"型线膛炮，单车备弹量50发。

由于火炮固定安装，因此坦克不具备行进间射击的能力，只能短停射击，而且只有改变坦克方向才能转移火力，因此难以对付突然出现在侧后方向的目标，此乃"S"坦克固有缺点。由于火炮固定，可以较容易实现自动装填，因此火炮射速快，能达到10~15发/分，这样还可减少1名乘员（只有3人）。

"S"坦克高度仅为1.9米，独特设计减小了车体正面面积和重量，便于隐蔽和机动。"S"坦克浮渡时可将车体四周上部折叠的围帐竖起，整个准备工作需要15~20分钟。浮渡围帐是一种合成纺织尼龙材料制成的柔软气囊，围帐下边固定在车体四周有装甲防护的槽里。车内装有两台排水泵，水中行驶用履带划水。

为了提高"S"坦克的战斗力，瑞典陆军对"S"坦克进行了现代化改进——所有"S"坦克车体前装甲板下方安装有升降式推土铲，使坦克的野战破障能力大大提高。

能调整"跪姿"的"S"型坦克

"S"型坦克没有炮塔之后，同其他坦克对比，比较低矮，被弹区域大大减小，但其火炮的射角调整需要采用特殊的方式。

在坦克发展历史中，战场要求坦克比其他任何装备都更能适应广泛的战场机动的战斗行动。但是坦克性能受时代的科学技术水平所制约，很大程度难以完全达成战术要求。因而，王者出现了一些尴尬局面，在所难免。

7.4 王者尴尬：容易弯的"胳膊"

拳头很硬，但是胳膊容易弯。现代主战坦克的火炮口径越来越大，为了保证倍径比，炮的身管很长。现代坦克炮的炮身长一般为口径的50倍以上，大于40倍口径的长身管火炮，叫加农炮。长身管炮与短身管炮相比，射出的弹丸初速大，动能大，射角小，不超过45°；弹道低伸，即弹丸在空中飞行时的轨迹比较平直，便于直接瞄准，射击精度高；能远距离穿甲，适于平射打坦克、装甲车等活动目标和突出地面的单个垂直目标。

管壁除了要忍受发射时的高温、高压外，还受太阳辐射、雨淋、风吹等影响产生温度梯度，致使身管弯曲，弹着点偏移。所以，给现代主战坦克炮套上"护肘"成为必须。"护肘"材料可不一般：有的是用两层玻璃纤维增强塑料中间填以泡沫塑料制成的；有的是用绝缘材料或导热金属铝制成的单层同心套，以身管和同心套间的空气作为隔热层；最好的是金属与绝缘材料相间排列套在身管外面，可使火炮发射时产生的热量在身管四周均匀分布，减少身管变形，以提高命中率。

7.5 任性耍宝：特爱掉的"链子"

2015年8月8日，日本自卫队在富士山附近展开实兵对抗演习。据日媒报道，这次演习是自1961年起，日军参加人数和兵器最多的一次。其中包括14辆"74"式、"90"式和"10"式坦克。为提升自卫队形象，主办方邀请了多家新闻媒体现场拍摄。

首先，一辆"74"式坦克出现在人们面前。只见这辆钢铁怪侠时而高速机动，时而紧急刹车，并且不时对目标开炮。短暂的演练，其防护能力、机动性和火力都给记者留下了深刻的印象。可是，正当观众兴致勃勃时，出现了令所有人没有想到的场景：这辆耍宝的萌宠把"鞋子"脱了——坦克的履带突然在行驶中脱落了，而且还

事故中的"10"式坦克

穿不上。自卫队员只好呼叫坦克救援，将这个任性的"宠物"拖走。演习现场顿显尴尬。稍后，最新型的"10"式坦克闪亮登场，同样闪亮地演了一遍"脱鞋""掉链子"。"10"式坦克采用了多种新技术，声称是首款第四代坦克。两款拥有几个代差的坦克同时上演"脱鞋"秀，倒是让观众开了眼。

7.6 "96B"奇迹：开小差的"轮子"

2015年8月13日，俄罗斯坦克两项国际比赛的赛场上发生了一个大事件——中国的"96B"坦克竟然在比赛中意外地跑掉了一个负重轮。

风驰电掣的"96B"坦克

掉了轮子也能坚持作战

"96B"坦克负重轮损坏时，109车组的坦克正在跑比利时路。比利时路是用花岗岩石块人工砌筑而成的典型凸凹坏路。该路来源于比利时的石砌路，其作为典型坏路的代表而命名的，路面与搓板路差不多，这种路面很考验坦克的走行系统。

第三圈，在负重轮掉落的情况下，车组仍坚持跑完将近一圈。其间，坦克既没有掉链子，还使用主炮打出三发两中的成绩。可见，中国坦克的质量可靠性不一般，说明"96B"走行部分抗损性能非常优异。

其实坦克缺少一个负重轮，也照样能坚持作战，"二战"时期跑掉负重轮的坦克比比皆是。然而中国坦克最厉害的是，跑掉一个负重轮以后，仅剩5个负重轮的情况下还能继续维持高速跑，这真是负重轮的传奇。

7.7 升级"T-72"：扛着的"防空炮"

斯洛伐克曾和大多数社会主义国家一样，也从苏联获得了"T-72"坦克的生产许可。到了20世纪90年代，为了维持"T-72"的作战能力，斯洛伐克对"T-72"实施升级。

装备防空炮的"T-72M2"共有两种原型车。主炮为一门125毫米

"2A45MS"滑膛炮，配备有自动装弹机。第一种原型车炮塔左右各装备有两门瑞士"厄利空"20毫米高炮；第二种原型车炮塔右方装备有一门俄罗斯"BMP-2"步战车上使用的"2A72"型30毫米机关炮。这些小口径高射速火炮既可以打击武装直升机、无人机等空中目标，也可以打击地面目标，以良好的火力持续性和高射速压制敌人。除了防空炮外，该坦克还有一挺7.62毫米同轴机枪。乘员包括车长、炮长和驾驶员。

斯洛伐克扛着两门防空炮的"T-72M2"坦克

原型车自1993年以来改装了不少，但是至今未收到斯洛伐克军队的订单，当然也没收到任何出口订单。

7.8 最矮王者：不能长的"身高"

长久以来，苏制坦克为大家所熟知的最大特征就是外形低矮。据当时的苏联工程师测算，在同等的观察条件下，坦克车体高度每降低1米被发现的概率将减少40%。基于这样的考量，几乎每一代的苏制坦克都比同时代西方坦克低矮，"T-34"为2.4～2.7米，而"虎"、"豹"往往达到3米左右；"T-54/55"坦克车高为2.35～2.4米，而

第7章 钢铁萌宠 王者擔枪

"百人队长"和"M48/60"坦克通常为2.97～3.28米;"T-72"坦克车高为2.19米,而"M1A1"坦克则为2.438米。为了降低车体高度,苏军的坦克乘员身高被限制在1.6～1.65米。有一款苏制坦克的车体高度仅为1.1米,相信大多数人会惊讶,因为即使是瑞典的"Strv 103"系列无炮塔坦克的车高也达到了1.9米,难道这款苏制坦克没有炮塔?原来这种坦克是基于"T-64"的前身432项目试验型中型坦克车体和125毫米"红宝石"火箭系统结合而成,并生产出的样车,由于当时非常强调隐蔽性,所以炮塔非常低矮。整车长6米,宽3.16米,车高仅为1.1米,整个炮塔内只有两名乘员。

"Strv 103"系列无炮塔坦克

如此标新立异的设计带来了诸如技术复杂和火箭系统可靠性低等一系列问题,所以最终未能装备部队,但是仅1.1米的车高至今无人能及。

7.9 新型装甲:靠谱的"铠甲"

厚厚的铠甲是金刚不坏之身的基础,坦克设计师不断地寻找替代钢盔铁甲的新技术和新材料。

复合装甲系由两层以上不同性能的防护材料

组成的非均质坦克装甲，依靠各个层次之间物理性能的差异来干扰来袭弹丸（射流）的穿透，消耗其能量，并最终达到阻止弹丸（射流）穿透的目的。这种装甲分为金属与金属复合装甲、金属与非金属复合装甲以及间隔装甲三种，它们均具有较强的综合防护性能。

复合装甲最早由苏联的"T-72"坦克最先使用，但是最有名的应该是英国的乔巴姆装甲。位于伦敦西郊乔巴姆的英国军用车辆工程局，用了10年时间，耗资600万英镑，研制成功了一种特殊的装甲——乔巴姆复合装甲。复合装甲的结构类似三明治，最外层和最内层为钢板，中间夹层为陶瓷、铝等。实战证明，它抗穿甲弹的能力相当于700毫米厚的均质钢装甲，抗破甲弹的能力相当于1300毫米厚的均质钢装甲。其原理在于复合装甲有多层，穿甲弹或破甲弹每穿透一层都要消耗一定的能量。由于各层材料硬度不同，可以使穿甲弹的弹芯或破甲弹的金属射流改变方向，甚至把穿甲弹芯折断。因此，复合装甲的防穿透能力比均质装甲要高得多。

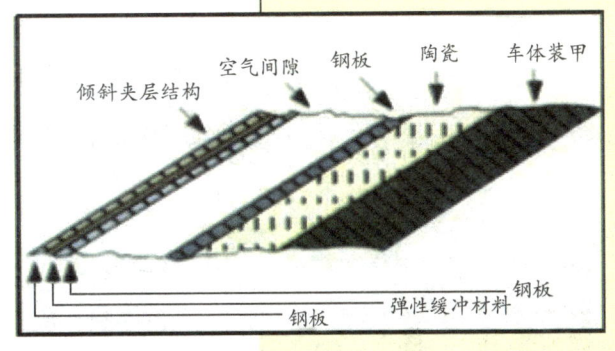

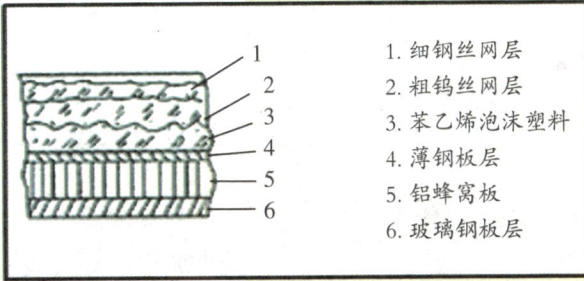

多层复合装甲结构示意图

更加引人注意的是，近年来，一种主动防护系统已经大量装备在坦克上。它可以在敌方导弹击中坦克前的一瞬间，主动发射弹药将其击毁。

"二战"时，德国人已经发现玻璃和陶瓷可以有效对抗空心高爆弹的倾彻力，连同均质钢装甲，对动能弹和软头高爆弹也有一定效果。在此基础上，德国试制成功了世界上第一代以二氧化硅为核心的陶瓷复合装甲。这种装甲对所有反坦克弹药都有效，但它的防护力相当于同等厚度的均质钢板，只是重量轻了40%，且不可弯曲成形。1978年，英国在"百夫长"型"MBT"坦克上应用了陶瓷装甲。美国人在战后的武器发展中，同样从纳粹德国的秘密武器库中受益匪浅。美国和德国在联合研制"MBT-70"失败后，各自试制出"M1"和"豹2"坦克来。

坦克受到反坦克武器攻击时，能针对攻击做出反应的装甲叫反应装甲。破甲弹、碎甲弹等炮弹种类的完善和反坦克火箭技术的发展，要求坦克装甲必须寻找其他的强化途径。

最常见的爆破反应装甲，一般是挂装在坦克

"T-80"坦克首上装甲和首下装甲结构示意图

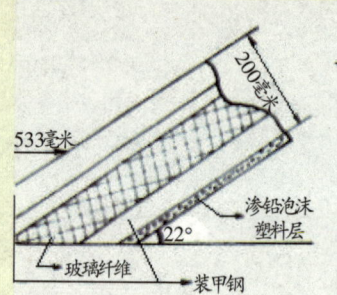
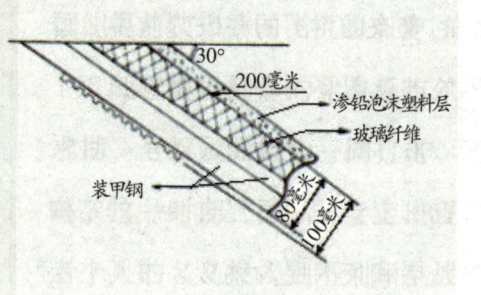

上的，主要用于提前引爆火箭弹、破甲弹，也就是不靠速度而靠定向能量击穿装甲的弹药，有效降低这些反坦克武器的破坏力。比如一发火箭弹打来了，接触到了反应装甲，反应装甲立即爆炸，把火箭弹炸开。

在新式装甲研制方面，苏联发扬光大了以色列人研制的爆炸式反应装甲，生产出了多款"ERA"模组。1977年，苏联研制成功了世界上第一套坦克主动防御系统"Drozd"，使得西方情报界不得不对苏联的装甲防护力重新评估。1987年，美国又研制出了贫铀装甲这个绝活儿，装到了新型"M1A1"主战坦克上。

贫铀是一种密度两倍于钢的重金属，结合乔巴姆陶瓷装甲，提供给"M1A1"最佳的保护。1991年海湾战争中，一辆"M1A1"在500米外被击中，结果两发穿甲弹硬是弹到了地上。不过，这么近的距离，要是碰到苏联或中国的钨镍合金穿甲弹，准叫它有来无回。

法国的"Leclerc"坦克和中国的"T-98"坦克也对世界装甲防护技术的发展贡献了力量，将模组式装甲技术发挥到了新高。这两种坦克的炮塔前置复合装甲采用了保护性和灵活性极佳的模组式结构，在战损时可迅速调换，重新投入战斗；当新的装甲技术成熟时也可方便地进行装甲升级的作业。

新的装甲还有电磁装甲。电磁装甲的原理是，充电的间隔装甲板安装在装甲战车基甲的前面，当装甲板被空心装药破甲弹击穿时，两个间隔装甲板之间会形成电流的短路，这会产生一个强大的电磁场，使射流发生旋转、断裂甚至是发散，而残余射流则可由车辆的结构装甲所吸收。

7.10 战略投送：金刚也要"快递"

天地一体、空天一体，谋划和准备战役级的战争，战前的部队集结是个天字号难题，亦是战前准备最脆弱的部分。做个合理假设，倘若海峡对岸真要搞"台独"，逼迫大陆为祖国统一而战，有了公路战略投送部队，我军所有承担一线参战任务的重装部队、导弹部队、战役支援部队等，均不用预先集结于沿海航渡港口周边，而是可直接运用公路战略投送力量，成建制地从营区"快递"至港口直接装船，这无疑将大大提升登陆作战行动的隐蔽性和突然性。

这种集结的短板亦十分突出：其一，由于轨距限制，超长、超宽的重型装备无法直接投送，需要反复倒运，易暴露作战意图和战役突击方向。其二，干线铁路密度过低，铁路桥梁、隘口以及装备卸载车站极易受敌方摧毁。

此两大弱点，正好被密度已很大的高速公路战略投送的长项所覆盖。

重型装备靠铁路装载运输的演习画面

随着我国高等级公路网的不断拓展，我军公路战略投送力量将会投送更大编制的装甲部队到各个战场。我军首支公路战略投送部队（坦克"快递"部队）在2014年八一建军节前正式成军。这对正在加快建设的新型信息化陆军实现全域到达、快速部署，其现实意义无疑是战略级的。

第8章 他国主战 我军新锐

坦克一直是陆地上最强大的战争武器之一，相比于其他的陆地武器，坦克具有更好的机动性和霸气的防护及火力。任何新式武器无一能够取代集强大的直射火力、高度的越野机动性和坚强可靠防护力于一身的主战坦克。同其他军事强国和坦克大国相比，我国拥有不一样的坦克发展史，走了一条从缴获、引进、仿造、改造到自行设计生产的道路。具体情况如下：

1. 我们缴获了日本、美国的早期坦克410辆。

2. 1950～1955年，我们从苏联引进了55个坦克、自行火炮团的装备，主要是"T-34"坦克和"MPT-76"自行火炮。

3. 1956年，引进了苏联"T-54A"坦克生产线，仿造制成了我们的"59"坦克。

4. 1963年，我国开始进行新坦克的方案论证，1966年，试制出了第一辆样车；1969年初，缴获了一辆苏制"T-62"坦克，在此基础上，科研人员及时将掌握的新技术应用到新坦克的设计上，对新坦克的设计进行了11项重大改进，造出了"69"中型坦克。

5. 而后我们开始对"59"和"69"坦克进行了改造。造出了"59改"，"59D"、"69B"、"69C"（定型为"79"）坦克。

6. 20世纪80年代后，我们开始自行设计制造"88"、"88B"、"88C"（定型为"96"）等二代坦克。

7. 20世纪90年代后，我们开始自行设计制造第三代坦克。1999年，第三代坦克参加国庆阅兵，被定型为"99"坦克。

8.1 他国主战：新一代的装甲掌门人

德国力量："豹2A6"主战坦克

德国"豹2A6"主战坦克是世界上火力最强的坦克之一。它使用的新型火炮穿甲弹，与上一代相比，具有射程远、精度高、穿甲能力更强的特点。在国际上进行的坦克火力对比试验中，"豹2A6"坦克在火力和穿透力方面表现不俗。

它的车长和炮长的观瞄、炮控装置都有冗余装置，能保证在各种气候条件下作战时做出迅速反应。火控系统与指挥系统紧密连接，使得坦克即使在决战时遇到数量占优势的敌人，也可以处于最佳状态。该坦克火控系统先进，反应时间6秒。

该坦克发动机功率1100千瓦，单位功率20千瓦/吨。

德国的"豹2A6"主战坦克

最大公路行程550千米，最大公路时速72千米，最大越野时速55千米。涉水深无准备时1.0米、有准备时2.35米，潜渡深4米，爬坡度31°，侧倾坡度16.7°，攀垂直墙高1.1米，越壕宽3米。

美国新宠："M1A2 SEP艾布拉姆斯"主战坦克

"M1A2 SEP艾布拉姆斯"主战坦克是美军最新型也是最先进的坦克，装备了二代热成像系统、车长独立热成像仪、真彩平面显示仪、数字化地形图、热控制系统和最新的数字化指挥、控制、通信装备。国际武器评估小组通过对坦克机动性能、火控系统和防护水平等方面的综合评估，在其最近公布的对各国现役主战坦克的最新排名中，"M1A2 SEP艾布拉姆斯"再次蝉联了世界最强坦克的称号。

"M1A2"在"M1A1"基础上进行了近40项主要改进。作为地面作战的综合兵器，它具备在击毁性、生存性、机动性和适应性方面的综合性能，在现代战争中将占有较大优势。"M1A2"下一步可能安装140毫米大口径远射程滑膛炮，配装自动装弹机，使坦克乘员减少为3人。"M1A2"的各主要系统正向着智能化的方向迈进。

"M1A2 SEP艾布拉姆斯"主战坦克

中东王者：以色列的"梅卡瓦MK.4"

"梅卡瓦MK.4"是由以色列陆军"梅卡瓦"坦克办公室组织研制和生产的最新版本。该坦克2004年在以色列武装部队开始服役，该坦克被认为是世界上防护性能最好的一种。"梅卡瓦MK.4"主兵器是一门120毫米"MG253"式滑膛炮，能发射高爆反坦克炮弹、穿甲弹以及

"梅卡瓦MK.4"坦克

"拉哈特"反坦克制导导弹。坦克还装备了7.62毫米同轴、12.7毫米旋转式机关枪以及60毫米榴弹发射器，以配合坦克的火力。其发动机功率895千瓦，单位功率14.67千瓦／吨；0～32千米的加速时间为10秒；最大公路行程500千米，最大公路时速55千米；涉水深无准备时1.38米，有准备时2.4米；爬坡度35°，侧倾坡度21°；攀垂直墙高1米，越壕宽3.5米。

主要特点是：（1）采用更先进的模块结构的特种复合装甲，加强了坦克的防护能力，并加厚了底部装甲，提高了防地雷能力；（2）改装了新型火控系统，可简化目标捕捉过程，且大大提高了行进间命中率；（3）装有全电式炮塔旋转驱动器，安全性高，转移火力快；（4）动力装置前置，辅助防护能更好地保护乘员的安全，大大提高了坦克在现代战场上的生存能力；（5）能全方位测控和自动显示威胁报警。

高卢雄鸡：法国的"勒克莱尔"主战坦克

"勒克莱尔"主战坦克是法国GIAT（现Nexter）集团在20世纪80年代为法国陆军研制的新一代主战坦克，被誉为"全球第一种第四代主战坦克"，它的报价也一样让"M1A2"、"豹2A5/A6"和英国"挑战者2"等望尘莫及。

"勒克莱尔"主战坦克

该坦克发动机功率1103千瓦，单位功率20.8千瓦/吨。最大公路行程550千米，最大公路速度71千米/时，越野速度50千米/时。涉水深无准备时1.0米、有准备时2.3米，潜渡深4.0米，爬坡度31°，侧倾坡度16.7°，攀垂直墙高1.25米，越壕宽3.0米。

"勒克莱尔"坦克的主要特点是：（1）作为新一代坦克的先驱，它是装有自动装弹机的第一种西方坦克，发射速度快达每分钟12发。（2）更加强调生存能力。采用较矮的车体和扁平炮塔，装甲防护力相当于"AMX-30"坦克的2倍。车体和炮塔的大部分采用模块式复合装甲，打坏后可以自主更换。增强了对顶部的装甲防护，同时车底装甲能承受小型可撒布地雷的攻击。（3）首创性地安装了自动化战场管理系统，采用集成化数字式电子系统和多路传输技术，自动选择有利工作方式，能遂行全天候作战。（4）坦克系统高度集成化。使用结构紧凑的最新一代超紧凑型大功率柴油发动机和自动传动装置，具有很强的机动能力，0～32千米的加速时间只需5.5秒钟。（5）射击性能好，具有对多目标攻击能力。静止射击2000米处目标和行进间射击1500米处的目标，首发命中率达80%以上，1分钟内可消灭5个目标。

北极大熊：俄罗斯的"T-80"主战坦克

"T-80"主战坦克是俄罗斯研制的新型第三代主战坦克。车体改良自"T-72"坦克，车体用装甲钢板焊接而成，驾驶舱位于车体前部中央，车体中部是战斗舱，动力舱位于车体后部。炮塔为钢质间隔复合结构，位于车体中部上方。配用自动装弹机，采用新型燃气轮机发动机、手操纵传动装置。安装有附加反应式装甲、超压式集体三防装置和自动灭火系统，配有烟幕发射器和激光报警装置。

"T-80"主战坦克

"T-80"坦克乘

员3人，战斗全重43吨；车长（炮向前）9.9米，车体长7.4米，车宽3.4米，车高(至炮塔顶)2.2米。武器系统与"T-72"坦克相同，但其坦克炮既可发射炮弹，又能发射无线电制导的"AT-8鸣禽"反坦克导弹，可有效打击3000米以远的装甲目标和低空飞机、反坦克直升机等目标。火控系统配备微光热视仪；发动机功率724千瓦，单位功率16.8千瓦／吨；最大公路行程600千米，最大公路时速75千米；涉水深无准备时1.4米，潜渡深5.5米；爬坡度31°，侧倾坡度22°；攀垂直墙高0.9米，越壕宽2.9米。

主要特点是：（1）个头低矮，与世界同代主战坦克相比，它是最矮的，降低了中弹概率；同时采用了多种防护技术和防护措施，提高了生存能力。（2）采用新材料技术，加强了防护，能防核效应和电磁脉冲。（3）增强了坦克火力。配备了钨钢超速脱壳穿甲弹，距离2000米时，垂直穿甲厚度400毫米，比"T-72"增加了160毫米。贫铀合金穿甲弹在1000米远处可垂直穿透厚660毫米的钢装甲。配装的"AT-8"反坦克导弹，可空地两用，使"T-80"的火力突击能力更强。（4）"T-80"坦克增设了多种防燃烧弹的设施，能防燃烧弹的攻击。

"T-80"坦克存在的问题是：车长与炮长之间没有空间余地，不便操作；没有装备热像仪，夜战能力有限；防护设计上没有很好地考虑乘员的安全，一旦被120毫米以上口径炮弹击中，乘员很难生存。

东瀛权贵：日本"90"式主战坦克

"90"式主战坦克是日本1990年定型的第三代主战坦克。其车体和炮塔采用复合装甲，由轧制钢板焊接而成，驾驶舱在车体左前方，车体中部是战斗舱，2人炮塔位于其上，车体后部是动力舱。配用指挥仪式火控系统、涡轮增压柴油机、液力机械传动装置和液气与扭杆混合式悬挂装置，车上安装有激光探测报警器、三防装置、自动灭火装置和深水涉渡设备。

"90"式主战坦克乘员3人，战斗全重52吨，车长（炮向前）约9.7

米，车体长 9.45 米，车宽 3.4 米，车高 2.3 米。主要武器是 1 门 120 毫米滑膛炮，炮管长为 44 倍口径，射速达每分钟 10～11 发，配用尾翼稳定脱壳穿甲弹和多用途破甲弹，发射穿甲弹的直射距离为 1800 米，弹药基数 40 发。辅助武器有 1 挺 7.62 毫米并列机枪和 1 挺 12.7 毫米高射机枪。火控系统包括数字式弹道计算机、激光测距仪、热像仪等。发动机功率 1103 千瓦，单位功率 21.2 千瓦／吨。液气与扭杆混合式悬挂装置能使车体前倾后仰，增大了火炮的俯仰角。最大公路行程 300 千米，最大公路时速 70 千米。涉水深无准备时 1.0 米，有准备时 2.0 米。爬坡度 31°，攀垂直墙高 1 米，越壕宽 27 米。

主要特点是：（1）坦克重量轻、体积小、车身低矮，通过采用自动装弹机，使乘员减少到 3 名。（2）采用先进的火控系统和大口径坦克炮，大大加强了坦克火力和破甲威力，火控系统反应时间仅为 4 秒钟。（3）配有激光报警器和红外图像锁定器，能自动跟踪和锁定坦克目标，同时也能自动跟踪武装直升机，具有全天候作战能力。（4）具有良好的机动性和同时打击多个目标的能力。（5）车长潜望镜和炮长瞄准镜能独立指向目标，观察范围大大拓宽。

好战"公羊"：意大利第三代主战坦克

"公羊"是意大利研制的第三代主战坦克。其车体前部和炮塔采用复合装甲，车体和炮塔为钢装甲全焊接结构。车体由前至后分别为驾驶部分、战斗部分和动力传动部分，车体两侧裙板用聚化物复合材料制成。配用指挥仪式火控系统，采用涡轮增压柴油发动机、全自动传动装置和独立扭杆悬挂装置。炮塔前部和侧面装甲采用陶瓷复合材料，车内装有超压式集体三防装置和自动灭火装置，还配装了 8 具烟幕弹发射器。

"公羊"坦克乘员 4 人，战斗全重 48 吨，车长（炮向前）10.54 米，车体长 7.595 米，车宽（带裙板）3.545 米，车高（至炮塔顶）2.46 米。主要武器是 1 门

120毫米滑膛炮，炮管长为44倍口径，由电渣重熔钢制成，经过液压自紧，采用半自动炮闩，配有动能弹和化学能弹，弹药基数42发。辅助武器有1挺7.62毫米并列机枪和1挺可遥控的7.72毫米高射机枪。火控系统包括数字式弹道计算机、带激光测距仪和热像仪的炮长稳定式瞄准镜及各种传感器等。发动机功率882千瓦，单位功率18.4千瓦／吨。最大公路行程550千米，最大公路时速65千米，潜水深4米，爬坡度31°，侧倾坡度16.7°。

"公羊"坦克

主要特点是：（1）在现代主战坦克中，重量较轻，是西方战后第三代主战坦克中最轻的；（2）具有昼夜和全天候作战能力。

英伦门神："挑战者IIE"主战坦克

海湾战争期间，英国派出的150辆"挑战者IIE"主战坦克，共摧毁300辆伊拉克装甲车辆，本身无任何损伤；进入科索沃的"挑战者"可从5200米外一举摧毁掩体内坦克目标。

"顶着炮火前进、先发制人"这是英国坦克求胜的不二法则。1983～1990年，"挑战者I"正式部署到英军驻德国的部队中。为了持续保持其主战坦克在火力与防护力方面的至尊地位，英国随即对"挑战者"进行了改进，将经验反映在新制造的坦克上。1991年"沙漠风暴"行动中，一辆"挑战者I"居然从5200米外，一弹摧毁位于半掩体内的伊拉克"T-72"坦克。

该坦克车体正侧面均加装附加装甲，所以具有强悍的生存能力。"挑战者IIE"采用皇家军械厂生产的"诺丁翰L-30"型120毫米线膛炮，最大膛压达618兆帕，内外弹道更加稳定，最大炮口初速达1700米/秒以上。"L-30"线膛炮与时下流行的滑膛炮的差别在于炮弹无须尾翼稳定，可发射全口径大装药量的高爆榴弹及其他弹种，以对付除战车以外的其他目标。通常携用的"L-31"型碎甲弹可由装填手调整引信，兼有人员杀伤、轻装甲目标及掩体摧毁的功能。相对于其他采用120毫米炮的坦克35～40发的携弹量，"挑战者IIE"携弹量大得多，可达50～55发炮弹。

火控中枢是加拿大CDC公司研制的弹道计算机，配合MIL-STD-1553数据链，能迅速处理资料，执行火控系统（FCS）及战场信息控制系统（BICS）各项功能，子系统则包括全球定位仪（GPS）与各瞄准（感测）器。车长塔位于炮塔右侧的最高处，拥有8具周视镜，视野达360°——第三代主战坦克中无一达到这种标准。车长塔顶设有一具加装激光测距仪和热成像仪的SFIM全周界潜望镜，可360°旋转，双轴稳定，光学镜头有×3.2及×10.5两种瞄准倍率，热成像仪为×4及×11.5两种倍率，接目镜附有激光过滤防护功能。

"挑战者IIE"主战坦克

炮塔旋转与主炮俯仰装置均为马可尼公司提供的全电动系统，配有与瞄准器同步的稳定装置，主炮俯仰角达-10°～20°。辅助武装包括位于主炮左侧的"L-94A1"型7.62毫米同轴机枪，装填手舱盖前方开放式枪架上有12.7毫米高射机枪。车长塔还可选配一套辅助顶置武器平台，该平台可独立由车长瞄准器联动遥控，车长无须转动炮塔便可迅速追瞄直升机之类的移动目标，反应时间短而有效，但从外观判断，车长塔如加装武器可能需撤除装填手武器，否则部分射界会受影响。

该坦克的战场信息控制系统（BICS）的功能更为强大，搭配全球定位系统、陆地导航系统等软件，强化车长情况判定及任务计划能力，车长拥有1具彩显地图屏幕，通过数据链与友军对接，随时能够显示出本身、友军及各车以激光标定出的敌目标位置，可以将战术指挥、受命、目标分配、补给会合等作业效能提高数倍。

"挑战者IIE"采用第二代"乔巴姆"复合装甲，车体前方及炮塔正面都有极佳的倾斜面抵抗敌炮弹来袭能量，其设计标准能抵挡所有125毫米口径以下的坦克炮在1200米外的射击，对化学能弹头也有绝佳的防护力。特别设计过的斜度还有散射毫米波雷达的隐身功能，以降低遭制导武器探测与锁定的机会，车体涂料和车体两侧的发动机排气口也具有抑制红外辐射的作用。"挑战者IIE"车体正面及侧面均加装附加装甲，该装甲曾在海湾战争中运用过，实战效果非常好。此外在实际测试时，中了数弹后的炮塔仍可正常旋转操作，证明其强悍的生存能力。

8.2 我军新锐：势不可挡的国之重器

寒门长子：自行生产制造"59"式中型坦克

1956年，中国获得了苏联"T-54A"坦克的技术资料和样品，第一个坦克制造厂（617厂）也在包头建成。1958年，第一辆组装的中国造"T-

中国陆军"59D"新改型坦克

54A"开下了流水线。1959年，617厂已经开始完全独立制造正式命名为"59"式的坦克。从1963年3月开始，"59"式坦克及其改进型生产持续到20世纪80年代初，总共制造了超过10000辆，交付给解放军和国外用户。

山地灵猫："62"式轻型坦克

"62"式轻型坦克于1958年研制，1962年设计定型，1963年投产并装备使用，是中国自行设计研制的第一代轻型坦克。战斗全重21吨，乘员4人，公路最大速度60千米/时，主要武器是85毫米口径"62-85T"坦克炮一门，弹药基数主炮弹47发，另有7.62毫米并列机枪2挺，12.7毫米高射机枪1挺。该坦克装有半自动灭火装置和烟幕弹发射器，并有激光测距仪。

"62"式轻型坦克

"62"式轻型坦克主要用于南方丘陵山地的装甲师团，遂行侦察、迂回、同敌方轻型装甲车辆作战等主要任务，具有良好的机动性能，一定的火力和防护能力。该坦克的改进型为"62-1"式轻型坦克，变型车有"79"式轻型坦克抢救车和"82"式军用快速推土机，均已生产和装备使用。

两栖能手："63"式水陆两用坦克

"63"式水陆两用坦克是中国自行研制的第一代水陆坦克。1958年设计，1960年试产试用，于1963年设计定型，命名为"63"式水陆坦克，并批量生产。

"63"式水陆坦克的水上推进装置采用轴流式喷水推进器，在传动装置两侧各装有一套喷水推进器和水道，在车尾喷水口处设有可以控制开闭的水门。

行进中的"63"式水陆两用坦克

该坦克采取了发动机纵置、动力传动装置后置，战斗部分居中，驾驶操纵部分位于最前部的布置。行动装置采用独立式扭杆悬挂，单销小节距金属履带板。高履刺人字形花纹履带板提高了坦克在水稻田、沼泽、浅滩等地的通过能力和坦克出入水能力。变型车有："77-1"和"77-2"式水陆装甲输送车，"76"式水陆坦克抢救牵引车，"63"式水陆两用新122毫米自行榴弹炮。

独立门户之新锐："69"式主战坦克

"69"式主战坦克是中国首次独立设计的主战坦克。该车于20世纪60年代开始研制，70年代初设计定型。以后经过几次改进，其型号不断扩展，从而形成了"69"式坦克车族（性能与"T-55"坦克相当）。火炮配有双向稳定器，高低向采用液压式控制和驱动。配有夜视夜瞄装置，包括车长配用的昼夜（红外）指挥观察镜和炮长的夜间红外瞄准镜，并在火炮防盾上安装了激光测

"69"式主战坦克

距仪。

最主要的改进型有"69-Ⅱ"式和"69-Ⅲ"式（即"79"式）主战坦克，此外还有"69-ⅡB"、"69-ⅡC"和"69-ⅡC1"型指挥坦克及"653"式（"84"式）坦克抢救车、"84"式坦克架桥车等变形车。

更进一步："80"式主战坦克

"80"式主战坦克是中国研制的第二代主战坦克，于1974年开始部件

"80"式主战坦克

研制，1980年开始整车研制。经历了严寒、湿热、高原、沙漠等各种环境条件下的严格考核，1988年设计定型（性能与苏制"T-64"坦克相当）。

与"59"式、"69"式相比，该坦克在总体结构和技术方面有较大创新和发展：车体前上装甲明显倾斜，中部安装有防浪板。炮塔位于车体中部上方，动力舱在车体后部。与"59"式、"69"式不同，"80"式坦克左侧最后一个负重轮无发动机排气管。车体后方常安装附加油箱和自救木。车体每侧有6个负重轮，第一、二、三负重轮之间有较大间隙。诱导轮前置，主动轮后置，有托带轮。行动装置上部有裙防护板。

"80"式坦克与外军同类坦克相比较，在火力与火控方面与日本的"74"式相当，而防护性能方面优于后者；在三大性能方面优于美国的"M60"坦克；火力方面与美国"M1"坦克相当；机动性与苏联的"T-64"相当，而防护优于后者。

该坦克是中国第二代主战坦克的基型车，设计时就充分考虑了将来随着新技术的发展而发展的可能性，因此在设计定型之后，又研制了一系列

新的车型："80-Ⅰ"式、"80-Ⅱ"式、"85-Ⅱ"式、"85-ⅡA"式和
"85-ⅡM"式等。

时代新宠："96"式主战坦克

"88C"式坦克是"88"式坦克中最有代表性的坦克，又称"96"式主
战坦克。该型坦克是我军自行研制的第三代主战坦克，是目前我军的主战
装备。

"96"式坦克是中国坦
克发展的一次飞跃。"96"
式主战坦克在火力、火控系
统和防护性能上要优于苏军
"T-72"和"T-80"的早期
型号，在机动性上与"T-
72"大致相当，其总体性能在"T-72"之上。具有抗衡"T-80U/90"、

中国"96"主战坦克

"M60A1"、"豹Ⅱ"等世界一流坦克的能力，并能在多种复杂战术背景下
遂行战斗任务。与世界上最先进的主战坦克如"M1A2"、"豹ⅡA5/A6"、
"勒克莱尔"和日本"90"式相比，"96"式主战坦克在火力、防护能力和环
境适应性上毫不逊色，但在通信指挥系统、火控系统、动力传动装置、机
部件可靠性、制造加工工艺水平和使用维修性上与上述先进坦克尚有一定
差距。不过，只要升级火控
系统，就足以抗衡周边地区
任何一种主战坦克。

战场新锐："ZTZ-99"
式主战坦克

"ZTZ-99"式主战坦克
英文名称为"WZ-123"，是

我军新型主战坦克"ZTZ-99"

　第8章　他国主战　我军新锐

目前我军研制的最新型最先进的主战坦克。坦克炮塔正面和侧面加装了新的楔形双防反应附加装甲，具备了优异的防弹外形，车体均采用复合装甲，抗弹能力成倍提高，是我军装甲师和机步师的主要突击力量，被称为中国的陆战王牌。

该坦克战斗全重51吨，最大公路时速80千米，越野最大时速60千米。装有一门125毫米高膛压滑膛炮，自动装弹机装填，弹药基数为41发。可以承载车长、炮手和驾驶员三人。最大时速可达65千米，最大行程可至450千米。装有125毫米口径炮射导弹，该导弹最大射程5.2千米，最大破甲深度700毫米。辅助武器有12.7毫米高射机枪和7.62毫米并列机枪各1挺。火控系统采用了国际上先进而流行的猎-歼式火控系统（也称双指挥式），安装有最新型的国产瞄导合一的大闭环式火控系统，可以发射激光制导导弹。

在坦克炮塔后部装有激光目眩压制干扰装置，最大作用距离4000米。夜间或复杂气象条件下，对坦克目标观察距离达7～9千米，具备了在昼夜间于运动状态下对运动目标的射击能力。

第9章 持续发展 国之重器

战争的基本形态已进入信息化战争时代，作战方式由以火力打击为主转为信息对抗与精确打击并重，夺取信息控制权成了争夺战争主动权的基本内容，陆地战场概念就是全维陆地战场。虽然如此，主战坦克仍将是地面战场上的主要突击兵器，这是一个国家军事实力的重要标志之一。

现代的主战坦克已发展到较高的水平，已经接近了坦克发展的四大极限：即重量极限、口径极限、装甲极限和成本极限。未来坦克将向何处发展？这是最值得各国军事家和兵器设计者思考的问题。

9.1 主战坦克设计的七个问题

（一）突出时代的国防特色

第三代坦克（即第二代主战坦克）还要服役多长时间呢？从"冷战"对抗到相对和平的国际环境，其间世界各国对未来主战坦克的研发并没有停止。在今后的很长时间，将会有少量的采用现代高新技术的新型主战坦克出现，但是现役的第三代或将继续是主战装备，对其改进和提高仍然是坦克发展的主要趋势。以我国为例，坦克战术、技术指标和使用要求走的是仿制、参考路线。那么对其技术提升、改造和追加及改良就是当下的必须。

我国幅员辽阔，边境线曲折复杂，东西跨距5000千米，南北跨距5500千米，还有1.8万千米的海

未来争夺制信息权的斗争将变得异常激烈。美国军事理论家约翰·阿奎拉指出："制信息权的最简单、最准确的定义是，在了解敌方的一切情况的同时，阻止敌方了解己方的情况。"他还说，"制信息权将成为影响战争进程和战争结局的主要因素"。

在未来战争中，大多数参战人员在大多数情况下处理的不是物质和能量，而是信息。因为信息已取代物质和能量成了制胜的关键。部队战斗力的形成和发挥，以及有效地实施作战指挥，主要依赖于信息的采集、处理、传递、控制和使用。优势之旅，一旦失去了制信息权，将成为"瞎子、聋子和靶子"，陷入被动挨打的困境；劣势之军如果掌握了信息优势，就可夺取战场的主动权。

由于未来的战略、战役、战术及作战行动，都是凭借和围绕信息展开的，因此争夺制信息权的斗争异常尖锐、激烈，并贯穿于战争的全过程。

岸线和众多大大小小的岛屿，地跨热带、亚热带、暖温带、中温带和寒温带5个温度带，各地地理环境和气候环境各异，而地理环境和气候环境因素对武器装备的影响非常大。加之可能存在的对手和不稳定因素错综复杂等，对于坦克的性能、规矩及威慑力要求很不一样。所以，有针对性地走自己特色、符合我国国情的研发道路是必须的。为了获得能够满足我国使用的武器装备，必须进行大量的环境试验。在环境试验中主要考虑温度、湿度、地表地形、盐雾海水、沙尘、太阳辐射等因素对装备的影响。因此，我国在发展、研发和使用坦克的道路上，按照"需求牵引原则、军方主导原则、系统论证原则、滚动发展原则、部件先行的原则"，坚持三个1/3标准（新装备发展过程中，老技术要占1/3、新技术要占1/3、创新技术要占1/3）。从实际来看，我们正在这样进行着，效果很好。

（二）大幅改进人–机工程自动化

未来坦克应该全自动操纵，但可保留乘员干预。也就是说，在无人坦克的使用上，应该有人为的技术操作平台来完成指挥、控制及协调。那么，人体控制空间的设计与设置就必须优先考虑和解决。

众所周知，坦克内部空间狭窄，只适合低矮（160～165厘米）的乘员驾驶或操作。内部尺寸、设施均应符合人–机工程要求。如第1章介绍，最早的坦克车体内的乘员室并无任何隔间——引擎和武器等机械同处于一个空间内，加上引擎没有安装减震减音装置，工作环境非常恶劣：车体内部充斥着来自引擎的一氧化碳废气、汽油和机油味，而武器开火后的硝烟味亦直接冲击车厢内的空气质量。再加上车厢内温度高达50℃，极端恶劣的环境导致不少乘员在车上晕倒。因各种武器直接放置在车厢内，为减小开火时引起的各种危险（如卡弹、开炮的火花及弹出的弹壳），乘员会戴上头盔、护目镜及锁链脸罩。坦克的操控十分困难，转弯是依靠控制左右两边履带的速度。因车内非常嘈杂，前方及后方的乘员会先用扳手大力敲打引擎盒引起对方注意，再用手势去沟通。

虽然坦克发展到今天，但为了保证坦克的主要作战功能，对坦克乘员的存在因素考虑依然不够，也不科学。

那么，如何来做呢？单项装备论证转变到体系论证、注重整体效能的思想上来，即由过去单独从火力、机动、防护、精度等性能指标向性能、耐久性、安全性、生存性、可靠性、维修性、保障性、人机因素和效能分析等效能指标扩展，使装备不仅在性能上，而且在整体效能上得到提高。树立三个思想：一是装备全寿命思想；二是装备配套(全系统)思想；三是装备的通用化、系列化和模块化思想。内部环境的设置应用人体测量学、人体力学、劳动生理学、劳动心理学等学科的研究方法，对人体结构特征和机能特征进行研究，提供人体各部分的尺寸、重量、体表面积、比重、重心以及人体各部分在活动时的相互关系和可及范围等人体结构特征参数。诸如车室内安装一体式的三防装置及战斗室超压系统，为坦克乘员提供高质量的适宜的新鲜空气；观瞄一体的全景成像瞄准镜，局域通联的C4ISRK系统及全球导航定位系统；采用指挥猎-歼合成火控系统，达到发现即锁定攻击。

参照人-机工程上所设定的标准进行设置，需考虑以下几点：

1. 坦克及其装备与人体的尺寸、形状及用力是否配合；

2. 坦克及其装备是否顺手和方便使用；

3. 坦克及其装备是否能防止使用者操作时的意外伤害和错用时产生的危险；

4. 各操作单元是否实用；各元件在安置上能否使其毫无疑问地被辨认；

5. 坦克及其装备是否便于清洗、保养及修理。

（三）维护性的分工化

传统的坦克维修工程按维修专业分为拆装、电焊气焊、军械、电气设备、光学仪器、无线电、充电和技术保养等；野战条件下，对损伤和有技术故障的坦克及其他装甲车辆进行检测、修理、充电、充气和保养。

未来坦克，军方应提出合理的要求，如未来坦克的维修方式应该与使用寿命相应；应该制订合理的大部件更换方式和时间；完善故障自动显示或报警装置；考虑战时战场临时抢修（当不是抛弃、报废时）措施；无故障行驶里程的合理指标；全寿命和使用寿命的指标；储备行程等。

（四）坦克可靠性问题

我国工业基础薄弱，发展装甲装备的时间比较短，设计方法、机械加工工艺落后，制造能力和水平与发达国家相比也比较低，造成装备在性能、可靠性和维修性方面与西方发达国家相比有比较大的差距。加之陆军武器装备通用化、系列化和模块化水平较低，存在型号多、品种杂、通用性差等问题。同时，信息化程度也还比较低，需要进一步提高。因此，我国坦克使用可靠性在保障加工制造精度、部件质量的前提下，可以军品要求代替民品要求来实现军民融合。

国外对坦克可靠性的研究也提出了新的思路。如美陆军"未来作战系统（FCS）"项目，推出了用于有人地面车辆的第一套混合电传动系统。美国联合防务公司将电热化学炮首次安装在装甲车上进行了射击试验。英国国防科技实验室表示正在研制一种类似于力场防护罩的新型电装甲，该电装甲可利用电能脉冲抵御火箭弹、榴弹等炮弹的攻击。

另外，洛克希德·马丁公司早就开始实施电装甲的演示验证项目，通过试验证明可大幅增强车辆系统的生存能力。

（五）乘员舱与战斗舱合一，殉燃、殉爆的问题

随着技术的发展，坦克的装甲厚度越来越大，装甲配方、质量不断改善，防护力越来越强。但20世纪80年代以来，反装甲武器的技术发展实际上要快过装甲技术的发展，坦克及装甲战斗车辆原有的优势正在削弱。

第9章 持续发展 国之重器

仅通过增加装甲厚度来提高防护能力的方法已接近极限，为解决装甲车辆的生存能力问题，主动防护技术应运而生，为坦克的防护体系提供了一个新的研发突破口和有效的解决途径。

那么，用来干扰和拦截敌人来袭弹的防护装置——即软杀伤和硬杀伤主动防护系统，对于提升坦克战场生存能力也极为重要。

主动防护系统是指通过探测装置获得来袭弹药的运动特征，然后通过计算机控制对抗装置，使来袭弹药无法直接命中被防护目标的一套系统。主动防护系统分为干扰型、拦截型和综合型。

干扰型主动防护系统是采取施放烟雾、抛射干扰诱骗弹等方式使来袭弹药无法直接命中。所以把这种以干扰为主要作战模式的系统归纳为"软杀伤"系统。

安装"窗帘-1"主动防御系统的"T-72AG"出口型主战坦克

机甲金刚之"T-72"主战坦克

苏联1967年开始研制的主战坦克，除大量服役于红军之外，也外销和授权华沙公约盟国波兰、捷克斯洛伐克生产，总产量达2万辆。1977年11月，于苏联纪念十月革命60周年的红场阅兵式上首次亮相。几次实战证实，此坦克仅适合低强度冲突作战。

拦截型主动防护系统是发射拦截弹药（抛射拦截弹丸或发射拦截火箭）摧毁来袭弹药。这种以拦截和摧毁为主要作战模式的系统被归纳为"硬杀伤"系统。

为保证整个系统有可靠的防御能力，现代的主动防护系统一般都是拦截型或综合型，即用更为可靠的硬杀伤拦截手段摧毁来袭弹药。

目前，俄罗斯、美国、以色列、德国、英国和日本等多个国家都在积极研制主动防护系统。俄罗斯在苏联从20世纪80年代起就开始的主动防御系统研制的基础上，技术发展较快，部分产品已装备部队。主要有"窗帘"、"鸫2"和"竞技场"等系统，已用于"T-72"、"T-80"和"T-90"等主战坦克的改进型，也安装在了最新的"T-14阿玛塔"主战坦克上。

美国"未来作战系统（FCS）"项目启动后，主动防护系统也列入研制计划。围绕该项目开展了大量的研究工作，其中最主要的是"全谱主动防御系统（FSAP）"和"综合陆军主动防护系统（IAAPS)"。

以色列的主动防护系统发展较快，已有多种系统装备部队，新研制的"战利品"系统被以色列国防部称为世界上最先进的主动防护系统。

另外，"阿玛塔"的无人炮塔设计，减少了战斗乘员并安排在防弹舱室内，将是个发展趋势。同时要大量采用人-机工程学设计，可以参考战斗机的驾驶舱。针对殉燃、殉爆的问题，美国"M1"坦克在炮塔尾舱设密封弹药室和减压阀，解决了部分弹药爆炸问题。

总之，坦克被击穿就会出现二次爆炸效应情况，在未来坦克中一定要集中解决好这个问题。

（六）感知系统、通信能力差

坦克一旦投入战斗，单车、上下级彼此会相互失联或受到干扰。如果给坦克装上数字化的"大脑"，将不再是"孤军作战"，而将成为联合作战体系中的一元，坦克的总体效能也会得以明显改善。根据有关数据，数字化坦克的战场反应速度和作战准确性可提高96%，攻击力提高54%，防护力、射击命中率和效率提高近100%。可以说，在未来数字化信息战场条件下，数字化坦克将不再是一个孤立的装甲单元，而是战场信息网中的一个节点、一个终端和一个火力凶猛的攻防平台。

数字化提升了坦克的感知能力。坦克在作战前一般要深入作战最前沿，既是信息的前沿收集者，又是信息指令的最后执行者。数字化坦克由于提高了信息的采集、处理、传输和管理能力，因而，在传统坦克的机动、突击和防护三大能力基础上，数字化坦克又增加了一个能力，即感知能力。数字化坦克凭借车际信息系统、定位导航系统、数字化火控系统等，能够做到"先知先觉"——在战术环境中能够先敌发现并迅速、准确地处理、传递信息，为上级了解、掌握战场态势和准确判断战场形势提供可靠依据，从而先敌了解情况，先敌做出行动。

我国在"80"式坦克之前，缺乏一种抗干扰性能强的电台，在越战时这个问题就已暴露。而光电感知系统三代之前基本没有。

数字化坦克可以在任何作战环境下处理火炮轴线位置、车长瞄准极限位置、激光测距、弹种和弹药数量的信息，并且传递给友邻坦克或指挥其他所属战斗车辆实施射击。所以在当下，坦克的数字化和全维制度化仍然是研究的热点和着力点。

（七）改革维修与保养制度

我军的坦克乘员，仍然兼顾车辆的保养任务，一方面乘员劳动量过大，同时保养车辆的及时性和质量得不到保证。设定全车乘员两人时，应该改革维修与保养制度。

9.2 未来坦克的基本走向

未来战斗系统是在统一神经下的优化组合，作为该系统的重要组成部分——乘车战斗系统（坦克），将会以看得更远、打得更准、威力更大、功能更完善的新面目出现在战场上，它甚至将会是武装直升机的克星。坦克和武装直升机的功能不同，各有优长和不足，它们会借助新技术不断地发展和完善自己，而不会相互取代。主战坦克任务不会大改：在空中力量协同下，集结使用，正面突防，快速穿插，钳形包围，击溃、瓦解和歼灭敌方陆地有生力量。其基本发展方向如下所述。

（一）坦克的轻型化

作为机械化步兵战斗的直接支援火力和运载工具，轻型坦克在世界各国军队都是不可或缺的一个重要装备，具有优良的机动能力，利于远程输送和战区战术转移。选择新技术新部件成果，可以控制坦克战斗全重在30～40吨；采用主动智能防护代替纯装甲的技术成功，车体—炮塔模块即可显著减轻重量，动力—传动模块的减重将依赖该领域的新技术成果。坦克轻型化后具有以下特点：

1.强大火力

具有大威力、远射程、高精度，自动化和全天候的打击能力。武器平台顶

采用新科技的轻型坦克

置于车体之上，装有大口径（不一定是125毫米）火炮和智能反导弹发射装置。也可采取无人全自动炮塔，将上述武器置于全封闭装甲保护之下。增加伴飞侦察、超视距攻击的传统装备。俄罗斯的"T-14"、美国的"M1A3"、日本的"TK-X"等四代或四代概念装备已经开始亮相。

车载和车际之间的"C4ISRK"系统将成为未来坦克的神经元，使得大量分散的有人操控和无人操控的系统、传感器和火力支援系统之间实现网络连通，使其整体效能大于各个分散系统之和。从而利用一切可能的、可以利用的信息资源、情报资源、装备资源和技术资源，使得部队的战场态势感知能力和作战行动的协调能力达到空前的水平。

2.混合动力

动力—传动模块在车体内前置，保证车体后部有足够备

用弹舱，前置的部件还可加强对乘员的保护。高效率的综合传动和一体化辅助系统已经成为可能，可比现在坦克减重近二分之一。采用电传动或混合传动也是有希望的，可以降低对油料补给的配送比值。

和传统车辆相比，混合动力车由于消耗在刹车、减速上的能量少，燃油消耗可减少大约 1/4 ~ 1/3。用油少还可以减少对运油车的需求，极大地缓解后勤保障压力。

同时至少还有两大优势：它能保证车辆更加隐蔽地行动；它真正与装甲车未来的火力和防护息息相关、紧密相连。

随着研究的深入，混合动力车的性能正在飞速进步。由此我们可以断言，混合动力车必将飞快地奔向未来战场，那时发动机的轰鸣声将不再是最可怕的攻击信号，代替它的将是那些悄无声息、但更加势不可挡的装甲洪流。

3. 多元防护 以全方位智能主动防护+适当厚度新型复合装甲，作为主战坦克防护主体，争取车体—炮塔模块方面比现有坦克减重 10 吨左右。这将使坦克具有很高的战场生存能力，具有满足实战需求的可靠性、维修性和环境适应能力。

当前，主战坦克面临着来自空中和地面的多重威胁，过去的坦克研究隐身需要在不同的战场环境下，进行大量艰苦的野外测试。但如今，这些测试都可以在计算机上模拟。在计算机上设计出未来坦克的模型，并通过模拟各种环境下的战场，来找出坦克的发热点，而这些发热点，在战场上对坦克有着致命的危险。

而目前解决这些发热点最有效的方法主要有三种：使用效率高、热损耗较小的发动机；合理布置坦克发动机排烟口或对排烟道进行冷却；针对坦克在行进时履带与地面摩擦产生的红外辐射，可在坦克行动部分外侧挂装裙板。

在坦克外形方面，专家们也对其进行了研究。坦克的炮管切面一直都是以圆形为主，研发人员开始尝试用其他形状的物体覆盖炮管，来分散射向坦克的雷达波。其次，坦克

隐身另一障碍是噪音，未来坦克的解决方案就是采用电动机驱动。除此之外，坦克在设计时，还可采用隔音、消音技术，以及采用挂胶负重轮和装橡胶垫的履带等，来降低噪音，从而实现隐身。

机甲金刚之"PL01"坦克

这是波兰的防御控股公司与BAE系统公司联合研制的全世界第一型隐形坦克。该坦克全车采用了多种高新技术手段和主流的隐身设计，对抗声光热等侦查手段，减小被发现的概率。

（二）坦克的智能化

安装一体化综合电子系统，首先功能一体化，使坦克具有先进的战场信息交换和指挥控制能力，增强了作战单元之间的相互联系。这个系统要完成的任务是：1. 感知所处战场的态势，经过处理后上传给体系，和友邻节点共享信息。2. 从体系下载命令和相关信息，从友邻节点获得共享信息。3. 整合所有资源，做出判断。如果能自行进攻，就对敌方节点进行相应攻击；如果不能，就把情报上传体系，请求支援。并对敌方所受到的毁伤进行评估，评估结果上传体系，并从体系下载新的命令。4. 管理车辆信息，协助成员管理车载设备，并对成员决策提出建议或方案。

把完成目标探测、识别、瞄准、跟踪、火力

控制、火力打击与作战指挥以及车辆动力—传动控制、通信联系、战场态势、显示传输、威胁预警与对抗、战场机动(含驾驶、导航、后勤供应)等连成有机的整体，形成一个综合的武器作战平台，兼具高机动性、优秀观瞄能力和强大防护力的全能步战车家族。自适应战场红外隐身系统模块，能实现与周围环境温度保持同步，在红外热像仪的观察下实现隐身。

（三）坦克的多能化

坦克作为陆军的主要武器装备，它的基本任务及性能，应顺应世界战场的态势和需要。那么，未来坦克会是什么样？将会拥有何种能力呢？

1. 具有优良的防护设计 在防护方面也将由目前的被动防护为主转向主动防护并进而形成综合防护的发展趋势。从降低被发现概率、被命中概率、被毁伤概率几个环节的综合效应出发，把若干个单项防护技术进行技术融合，形成集目标探测、威胁判断、敌我识别、辅助决策、主动反击多功能于一体的综合防护技术，从根本上提升战场生存能力。

这样就要求在总体结构上，要建立武器室（无人炮塔）、弹药室、乘员室和动力室四个独立功能分区。其中，乘员室位于车体前部，是防护的重中之重。正面、上方和侧面都有最好防护，有独立通风和三防系统。同时和后方的弹药室通过装甲墙完全隔绝，是一个独立的小环境；车体中部是弹药室，在正面方向同时受到乘员室装甲的保护。弹药室设有独立的自动灭火抑爆装置，底部设有泄压装甲板，防止殉爆波及乘员室和动力室；弹药室上方是武器室（炮塔），武器室和弹药室之间有厚装甲隔板，为坦克提供额外的垂直防护；最后是动力室。独立分区的格局使坦克防护更加集中有效。

2. 多功能高通过性 火力是体现装甲装备作战效能的终极手段。在传统的坦克炮及其弹药技术不断发展的同时，未来装甲装备还可能采用电热化学炮、电磁炮等新概念火炮。火力技术不仅会向大威力方向发展，而且将向多功能方向发展，特别是精确制导技术和常规火力模式相结合，将使未来装备火力系统取得新的突破性进展。鉴于车辆底盘的限制，火炮口径不能无限加大，结合将来任务可能多样性和复杂性，坦克或以炮射导弹为主战武器，并增加垂发系统。

新型坦克概念图

模块式、可更替的越障机械爪可以按照实际任务的需要更换，还可以利用机械臂回转位置的空隙安装功能组件自动安装系统，挂载榴弹发射器、战术导弹、光电探测设备以及室内侦察无人小车，功能相当齐全。

使用不规则导向轮和不连续的履带，也将为坦克的高通过性提供新的越野模式。

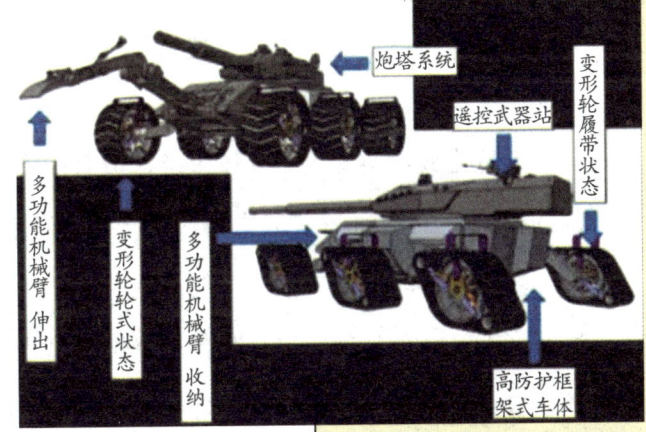

炮塔系统
遥控武器站
变形轮履带状态
多功能机械臂 伸出
变形轮轮式状态
多功能机械臂 收纳
高防护框架式车体

分段履带坦克概念图

3. 采用A-M全模块化设计　加强未来战场研究，提高装备通用化、系列化和模块化水平是一个趋势。"未来作战系统（FCS）"就采用模块化设计方式，由载人车、无人车、无人机、网络以及士兵五大系统组成。载人车或将取代诸如主战坦克、步兵战车、自行榴弹炮/火炮等传统的陆战平台。载人车一共有八种不同的类型，其中包括载人作战系统、侦察观测车、指挥控制车、直瞄火炮、间瞄迫击炮、步兵运输车、战地救护车、抢救维修车。八个平台的底盘将完全采用模块化设计，甚至轮式底盘、履带底盘与各型号的车身可以拼组。

传统的陆战场是一个地理空间概念，更多表现为某一特定的地理区域或空间。信息化战场是信息化部队体系对抗的基本作战环境。除了以往陆军战场空间的地理构成要素外，突出表现为一种"战场系统"概念，即一个覆盖着各种不同信息的网络化空间，包括情报侦察、信息通信、指挥控制、精确打击等信息化战场的基本构成要素。

采用A-M全模块化设计可以解决环境适应问题；引入基带无人机概念设计，增强坦克情报获取能力；采用主动防护系统，提高战场生存性；引入多重遥控武器站、无人作战机器人拓展箱等概念，在步坦协同中为步兵提供保护和支援。

信息化战场空间大，立体多维，没有前方后方。一个数字化重型机步师的控制范围正面和纵深均为数百千米，面积约为几万至几十万平方千米。数字化部队具有三倍于一般部队的战斗力，它作战行动频繁、攻防对抗强度大，减少品种、提高装备可靠性仍是当务之急。我们必须坚持"一种底盘多种武器、一种负载多种底盘"的原则，进一步提高装备的通用化、系列化和模块化水平。

附：佳作赏析

注意！坦克

(德)海因茨·威廉·古德里安

使用火力和运动的坦克攻击

每当一个外行人想起坦克攻击的情形，就一定会联想到第一次世界大战中，在康布雷和亚眠战役中出现的钢铁巨怪。他会想到无数盘缠交错的铁丝网在坦克的重压之下，像稻草一般被碾得粉碎；他会记得那些坦克是如何突破堑壕，把机关枪碾成废铁；他还会记得坦克犁过战场时，从排气管中喷出的红色火焰，形成一种恐怖的景象——这种"坦克恐惧症"也常常被认为是我们在1918年8月8日溃败的原因之一。事实上，这种碾路战术只不过是坦克所能担当的许多种任务中的一种——而且还不是最重要的任务。但是由于上次大战在许多评论者心中的烙印是如此深刻，因此他们产生了一种完全肤浅的见解，以为进行坦克攻击就一定要将大批坦克集中在一起使用，勇往直前地攻击，把敌人压碎在它们的履带下面(这对于敌人的炮兵和反坦克炮的火力来说都无异于一种良好的目标)，甚至不管高层指挥的企图，也不管地形是否有利，都应如此强攻。坦克的火力一向被低估，它被看作是一只乱撞的没头苍蝇。同时，人们普遍认为对坦克的防御越来越容易，所以结论就是：将坦克作为一种奇袭的手段已成为不可能——虽然战场上有包括烟雾、树木和地形等方面的各种障碍物，反坦克步兵和炮兵还是可以不计伤亡地找到自己的目标；这种防御部队一定位于坦克进攻的必经之路；利用高倍望远镜，他们也可以透过烟雾和暗夜发现敌人；即使头戴钢盔，他们依然能够分辨来自敌方的声音。

这样看来，利用坦克遂行攻击任务已无任何前途可言，是不是应该如某批评家所说的那样，把坦克当作废铁卖掉呢？所谓的坦克时代是否就如此这般终结了呢？要真是这样，那么一切在坦克战术方面推陈出新的考虑就都是多余的了，我们又可以平心静气地坐等1914年到1919年间的阵地战重演了。不过，当你对地面的情形还没弄清楚之前，最好还是不要鲁莽地跳下去。除非我们的批评家能够发明一种更先进的陆地攻击战术，否则我们还是相信，只要运用得当，坦克在今天依然是最好的陆地攻击工具。为了让坦克攻击的性质更容易理解，我们首先介绍一下现代坦克的特征。

装　甲

凡是准备进行激烈战斗的坦克，其装甲厚度至少要能抵御机枪子弹，如果为了对付敌人的反坦克武器和坦克，那么这样的装甲还是不能胜任。因此，上次大战的获胜国现在定制的坦克多半都拥有相当强度的装甲，比如说，为了击穿法国的"CHAR 2C"型坦克，至少需要口径为75毫米的火炮。假设在第一波攻击中，攻方坦克能够不被敌方的防御火力击毁，那么这些坦克可以说已经克服了最危险的敌人。由于一方面反坦克武器已被摧毁，另一方面又遭到攻方坦克的火力扫荡，敌人的步兵和工兵将丧失抵抗能力，轻型坦克也能轻易解决。

不过话又说回来，如果防御的一方能够获得一种高效反坦克武器，其火力可以洞穿攻方所有坦克的装甲，而且又不失时机地将这种武器配置在具有决定性的地域，其结果必然是攻方蒙受巨大损失；要是这种防御力量不仅足够集中并且拥有足够的纵深，那么攻方就有可能完全失败——矛与盾的争雄历史已经持续了数千年，装甲兵也与过去的要塞部队、海军和最近的空军一样，对于这个问题要有充分的准备——事实上，这种现象将永远持续下去，虽然结果时常可能改变。以此为由，取消坦克在陆战中的地位，那才真是岂有此理！我们不用坦克，难道步兵军服会比钢铁装甲的抵御力更强吗？

运　动

有人说过："只有运动才能获得胜利。"我们不仅同意这种说法，而且还要利用我们这个时代的技术工具来证明这条真理。运动的目的就是要使我军与敌军接触，为了达到这个目的，可以利用人与马的肢体、铁路和不久前发展出来的汽车和飞机。一旦与敌军接触，运动往往会被敌人的火力所牵制。为了解除这种牵制，必须击毁敌人，或者使敌人瘫痪，或者迫使敌人撤出既设阵地。这个目标可以凭借优势火力来达成，因为强大的火力可以使敌人的抵抗崩溃。

处于静止位置的火力射程有一定限度，这也是步兵掩护火力的极限，当步兵超出这个极限以后，重武器和炮兵就必须转移阵地以支援步兵继续向前进攻。这种方法不但需要大量武器，还需要更大量的弹药，准备这种攻击也就需要相当长的时间，并且也很难掩盖作战企图，难以收到出奇制胜的效果。即使在最初的攻击中能够暂时掩盖作战企图，可是一旦攻击开始，敌人必然集中其预备队来阻止攻方的突破，加之现在的预备兵力能够加以摩托化，建立一条新的防线较之以往要容易许多。因此，现在以步炮协同为基础的进攻，其成功的概率比上次大战还要小。

所以，使进攻富有成效的方法就是：不顾敌军火力的阻挠，要迅速地向敌人纵深运动，使敌人无法建立一条新的防线，最后将攻势深深地引入敌军后方——主张坦克战的人都认为利用有利的环境完全可以达到这种理想，而怀疑论者却认为奇袭已无可能，坦克攻击的成功条件也不复存在。是不是坦克真的不能遂行奇袭任务呢？且不论兵器和技术的新旧，如果奇袭成为可能，那么战场上会出现什么结果呢？1916年，冯·卡尔将军曾经

佳作赏析

向德军最高统帅部提出建议，他认为要想获得突破，在攻势准备时一定要首先考虑突然性的因素，不过在他那个时代，他却没有实现这种愿望所需的新的兵器和技术，即使如此，1918年3月的攻势还是取得了巨大的成就。如果在传统的奇袭战略上辅以新的技术兵器，奇袭的效果势必大大增加，但新的兵器却不一定是一个必要条件。

我们相信，坦克能够比以前所有的方法更具机动能力——特别是一旦获得突破，我们就可以继续向前发展而不至于停顿下来。我们也相信，只要具备某些条件，这种机动就可不断延续下去——而这些条件也是坦克攻击成功的条件：比如地形适合集中兵力，敌人的防线上有漏洞，敌人的装甲部队处于劣势地位等。有些人认为我们在任何条件下都无法取胜，有些人认为坦克没有突破敌人重兵把守地域的能力，可是其他兵种在许多方面所能拥有的攻击力甚至比我们还要弱，任何兵种都不是"万能"的。

曾经有人认为，任何武器，只有在它刚刚出现并且敌人无法与之对抗时，才能够发挥它的威力。那么炮兵的命运实在悲惨！因为它已经有好几百年的历史了。空军也是悲惨的！因为防空武器的威力也是日新月异。但是我们却相信，任何武器的威力都是相对的，要视与之对抗的武器威力如何。如果坦克面对优势的敌人——拥有更多的坦克或更先进的反坦克武器——那么它一样可能被击败或是威力减弱，但如果情形正好相反，那么它同样可能获得惊人的成功。所有武器的威力也不能仅仅由敌方的力量强弱来决定，另一方面还要看你自己是否愿意最大限度地利用最新的技术革命成果，使你总是领先于时代。

从这一点来说，坦克就不能自暴自弃地认为它已被其他武器取代了。曾经有这样一种说法："守方炮兵的炮弹速度要比攻方坦克的火炮发射的炮弹快。"一直到现在都没有人去发掘这种说法的事实依据，不过早在1917年至1918年间，有人就已经能够将数百辆坦克集中在战线后方，冒着敌方的炮火径自突入敌军阵地，为十几个步兵师或骑兵师开路——在遂行此种作战时，甚至完全不用炮兵掩护，也就是说，敌方炮兵事先会毫无损伤。只有在最为不利的情形之下，敌方炮火才能给运动中的坦克以重创，而且只要坦克突破了敌军阵地，敌人的炮兵不久就会销声匿迹，甚至不能对后续的步兵部队构成威胁。

在上次世界大战中，炮兵曾经使用炮火准备的射击战术，就是集中所有的炮火轰击可能的危险区域，但是结果还是未如人意。防御的炮火虽然可以造成飞沙走石和烟雾弥漫的效果，使坦克手的视野受到限制，不过这种限制却是可以忍受的，即使在平时，我们也早就学会了如何克服这些困难。事实上，现在的坦克在暗夜和大雾中都可以靠罗盘来指引方向，照样前进。

因此，在以坦克为基础的攻势中，胜利者就是坦克本身，而不是步兵。如果坦克的攻击失败了，就等于整体攻势的失败。相反，如果坦克攻击成功，胜利就会成为定局。

火　力

装甲和运动是坦克的两个战斗特征，第三个也是最重要的特征是火力。坦克火炮在静止和运动中都可以进行射击，并且在这两种情形下都采用直接瞄准的方法。当坦克静止时，可以迅速轻易地调校火炮，因此只需消耗非常有限的弹药就可以摧毁目标；而一旦坦克处于运动之中，因为观测方面的困难，比较难以确定目标。不过坦克却有另一个长处，就是它的炮身距离地面很高，特别是对于有草木掩护的地面，这种高炮身就显得十分有效——它虽然也招来批评，被认为容易成为敌军炮火的靶子，不过反过来说，对于坦克炮手的利益却是显而易见的。

在运动中射击，对近距离的目标命中率还算不错，不过对于距离较远的目标，或是坦克行进在坎坷的地面上时，命中率会大打折扣。

在任何情形中，坦克具有一种其他武器无可比拟的优点，那就是当它朝着敌人的方向前进时，可以携带它自己的火力。我们当然承认处于静止位置的火炮射击精度比较高，可是唯有运动才能赢得胜利！

现在的坦克战是否依然要采取过去的碾路战术，面对纵深配置着强大的步兵、炮兵和反坦克武器的敌军阵地猛冲过去呢？有这种想法的人，其观念深处就是一种号称"步兵坦克"的怪物，这种怪物无论在时间和空间上都完全着眼于配合步兵的进攻——这种观念我们实在忍受了很久。我们不能也不愿意花费几星期甚至几个月的时间仅仅从事搜索工作；我们也不愿意消耗太多的弹药。我们所要做的，就是在尽可能短的时间里，尽量深入敌后，控制敌人的整个战线。

我们非常清楚坦克火力的局限性，因此我们无法进行"有计划的炮兵准备射击"或是"集中火力的轰击"。我们的想法正好相反，只想用一颗炮弹，一次准确的射击就把目标击毁。之所以如此，是因为我们不能忘记第一次世界大战的教训，即使用最强大的炮兵向敌军阵地轰击达一星期之久，还是不能给步兵提供必胜的保证。

正是我们的敌人让我们相信，在一个宽广的正面上进行一个成功而迅速的坦克攻击，从各个方向纵深突入敌人的防御体系内部造成的胜利，比第一次世界大战中所使用的任何一种有限进攻的方法要更加有效。我们的炮弹一定要朝着特定的目标发射，而不是像从前一样不分青红皂白乱轰一气，用弹幕掩护步兵爬行。如果我们的攻击集中，并且有足够的宽度和纵深，就能将所有暴露出来的敌军目标予以摧毁。这样，我们就在敌人的防线上打开了一个缺口，足以让我们的预备兵力迅速地跟进，这在1918年是无法实现的。

我们这里提到的预备兵力，也必须采用装甲师的编制，因为我们不相信其他任何部队能够具有同样的火力、速度和机动性能，可以发挥如此的攻击和突破的威力。因此，我们并不认为坦克只是一种辅助步兵进攻的武器。如果还是这样，那么我们就又要回到1916年的阵地战中去，绝无速战速决的可能了。但是，不论未来的敌人兵器如何优秀，各种口径的火炮在射程和精度上有了什么样的提高，炮兵技战术如何发展，也都无法动摇我们的信心。相反，我们还是认为坦克是现代攻击战所能找到的最有效的武器，我们绝不改变我们的信心，直到科技专家拿出一个更好的武器给我们看。

虽然有一句古老的格言说"只有火力才能为运动开路"，但我们还是反对那种徒然浪费时间和弹药的炮兵准备射击，因为那会完全丧失奇袭效果。我们相信，使用内燃机和钢铁装甲的组合，可以不需任何形式的准备射击，而是直接把火力带入敌军阵地——只要拥有某些重要的条件，如适宜的地形、奇袭和集中的运用。

将大量的坦克集中起来使用也是招致批评的一个方面。他们说：把所有的坦克都集中起来形成一个攻击力量的观念正确吗？是否应该考虑把坦克分配给步兵师使用呢？如果说在今天步兵没有坦克就不能遂行攻击任务，那么我们也同样可以得出这种结论：凡是具有攻击能力的武器，凡是能够帮助其他兵种前进的武器，自然就算得上是一种主要兵器了。

至于是否应该将坦克配备给步兵师，不妨用下面的假想战役来说明问题：红蓝两军对战，双方各有100个步兵师和100个坦克营。红军将所有坦克都配备给各步兵师，而蓝军则集中整编为装甲师，由最高统帅部直接控制。假设战线长度为300英里，其中100英里是坦克无法通过的地区，100英里是坦克很难加以运用的地区，另外100英里则是适于坦克活动的地区。

这样，在实战中就会出现这种现象：

佳作赏析

红军因为把坦克分配给各步兵师，所以有一部分坦克被置于其无法活动的地区，无所事事；另一部分坦克虽然可以活动，但是却受制于地形，使成功运用它们的希望显得十分渺茫；结果在最适于坦克活动的地区，红军只能集中起它全部坦克的三分之一投入战斗。而在蓝军方面，情形则大相径庭：它可以将全部的坦克兵力集中使用在最有利的地区，它在这一地区的坦克数量至少可以超出敌人一倍，以产生决定性的效果，而在其他采取防御态势的地域，即使受到敌人的坦克攻击，规模也是很小的。

　　如果一个步兵师有50门反坦克炮，用来对付50辆坦克的进攻，就比对付200辆坦克要容易得多。因此，我们的结论就是，把坦克分散配置给步兵师的观念，只不过是重拾1916年到1917年间英国人最初使用的坦克战术，事实上是失败的战术——直到康布雷战役中，英军采取集中和大量使用坦克的战术，才算获得了成功。

　　我们相信，迅速地攻入敌军阵地，利用坦克的装甲掩护，让我们摩托化的大炮直接击打在目标上，这种方法必然获得胜利。有人说："摩托车并不能算是一种新武器，它只不过是一种运输旧武器的新方法而已。"当然，内燃机本身不能发射炮弹，如果非要说坦克是一种新式武器的话，那么我们实际上要强调的是一个新的兵种，正如海军的潜艇也被称为新武器是一回事。我们相信坦克是一种新武器，将来的成功可以在战史上留下一个不可磨灭的痕迹。

　　如果我们的攻击必须成功，那么所有其他兵种就必须在时间和空间上与我们密切配合，为了让我们的威力能够充分发挥出来，我们要求一切必要的支援部队都必须拥有与我们相同的机动能力。即使在平时，这些兵种都应由我们直接指挥。为了获取最大的决战机会，所需要的不是集中的步兵，而是集中的坦克。

后　记

　　在坦克发展历史中，尽管导弹和武装直升机问世后，其"陆战之王"的地位受到冲击，但主战坦克性能的研究工作从未削弱。历次战争实践证明，主战坦克是装甲机械化部队不可缺少的，比其他任何装备都适应广泛的战场机动的战斗行动。

　　血肉之躯在钢铁机械面前根本不堪一击，这使得其他国家都开始研究提高坦克的性能和战术。坦克的根本战斗力体现在按照指挥员的战术要求，以车载火炮、导弹等重武器，以最快的速度、最高的效率、最彻底的方式消灭前方视距内和超视距一定范围内步兵克服不了或不易克服的坚固目标。坦克内装备的高射机枪等防空武器可以有效打击或干扰敌对的空中飞行器，减轻来自空中的威胁，提高坦克生存能力。

　　各国主战坦克的真实抗弹能力成为高度机密。英国的"乔巴姆"、美国的"凯夫拉"和钛板夹层复合装甲以及贫铀复合装甲，其真实情况尚未公开。复合装甲的出现，是坦克防护技术史上的一次革命，它的诞生使得坦克走向了靠新的材料技术而不是单纯增厚装甲提高防护的道路，某种程度上也使得坦克从反坦克武器的致命威胁下走出来，重新夺回了陆战之王的宝座。可以毫不夸张地说，复合装甲拯救了坦克这一兵器。

　　武装直升机和攻顶反甲导弹的出现似乎注定了坦克消亡的命运，只是，坦克命不该绝——俄罗斯已经研制成功了能够有效对付这个"灭顶之灾"的武器，这就是战车主动防御系统。

　　"冷战"结束多年后的今天，西方国家主要立足于改进与提升现有主战坦克的战斗力。应该说，这种全履带装甲战斗车，通常装有一门火炮和多门自动武器，具有优良的越野机动性、坚固的装甲防护、强火力和强大的突击能力，可以根据作战任务而携带多种弹药。防御时，主战坦克是封闭核突击缺口的有效兵器；在进攻中，主战坦克又能及时有效地利用核突击的效果。俄罗斯已经开发出号称第四代坦克的"T-95"坦克，德国也研制出新型"城市豹"坦克——"豹2PSO"，也必将对国际重型装甲装备的发展产生重大影响，甚至可能会影响到美国和其他西方国家的重型装甲装备的发展战略。

战争的基本形态已进入信息化战争时代，作战方式由以火力打击为主转为信息对抗与精确打击并重。夺取信息控制权成了争夺战争主动权的基本内容，陆地战场概念就是全维陆地战场。因而，新一代坦克的研发从未停止，反而更快。因为任何新式武器无一能够取代集强大的直射火力、高度的越野机动性和坚强可靠防护力于一身的主战坦克。

我国实行的是积极防御的军事战略，在战略上坚持积极防御、自卫和后发制人的原则。我国的主战装甲装备发展，不宜像美国那样以全球兵力快速投送为目的，而牺牲掉重型装备强大的作战效能和可靠的防护力。我军未来主战装甲装备不仅要满足应急机动作战部队的快速反应，而且要满足战略预备力量的威慑与防御作战要求。也就是说，我们在积极发展轻型装甲突击系统的同时，不应当放松对重型装甲突击系统的发展。

坦克作为主要的陆战武器，必然会随着高新技术、高新材料、信息技术的发展而日新月异；而坦克战术理论的发展又会随着战斗需要、战术目标、战役目的而不断地更新，所以本书讲述的只是其中的发展历程，望广大的读者朋友用发展的理念来看待作者对坦克的发展预测。

本书写成得到了国防大学、军事科学院、陆军指挥学院、装甲兵工程学院及南征兵棋研究院的各位专家的指导和帮助，借此一并表示感谢。

张连军

2017年5月